Memorias Compartidas

Antonio Mena O'meara

Para el hombre, el amigo y gran consejero: mi papá.

Para mis abuelos, José Antonio y Silveria.
Pilares de vida que todavía guían.

Para mi mamá, mis hermanos, mis tíos y primos,
a quienes tanto quiero.

Para Lena y mis hijos Diego y Silveria.
Vida en mi vida.

Prólogo

Los años no pasan en vano y mucho menos cuando en doce de ellos se tiene la gran oportunidad de vivir en países tan diferentes como España, Francia y Alemania, que me acogieron en distintas épocas de mi vida. Sus culturas me han enriquecido con situaciones, lugares y personas que ahora forman parte de mí. Además, haber visitado muchos de los bellos e históricos lugares del viejo continente, donde se ha escrito gran parte de la historia del hombre, hizo que mi ya enorme interés en los temas significativos sobre la vida y su fin, crecieran y se fortalecieran.

Europa posee una vasta belleza, una longeva práctica del arte y una significativa historia. Cada una de esas características es capaz de estremecer el alma. Sin embargo, entre tanta novedad y encanto, entendí que el amor por mi patria jamás podrá ser nublado por nada. En Ocaña, Colombia, donde nací, crecí y me formé, aprendí las más importantes lecciones de la vida: aquellas que me han servido para superar las duras pruebas del camino y que me han ayudado a entender la riqueza de las experiencias que he adquirido en los países en los que viví o visité.

Es así como se ha ratificado en mí la idea sobre lo realmente importante en mi vida: la gente. Es indudable que mi familia y amigos son quienes le dan gran parte del sentido a mi tiempo. Por esa razón, he querido a través de este libro plasmar el fuerte vínculo muchas veces imperceptible, que me une a tantas personas.

En algunos de los relatos de este libro están descritos pequeños instantes de las muchas situaciones que he vivido y una fracción de los pensamientos que forman parte de mi antiguo y presente "yo". He usado varias de mis visitas al mundo de los sueños y las he utilizado como base de algunos cuentos; mientras que otros son tan solo el fruto de mi creatividad.

Índice

Mangata

"No hay nada más artístico
que amar verdaderamente a la gente".
Vincent Van Gogh

Viví con mi familia en las bellas tierras del Véneto. Mi padre, Giuseppe de Santis, era dueño de una comarca que le perteneció a su sangre desde hace muchos años. El primer De Santis fue un cruzado que luchó para liberar a Jerusalén de los sarracenos en la primera cruzada. Desde él, quien llevara el apellido era considerado un hombre de bien, honrado y respetado donde fuera. Mi padre no solo se sentía orgulloso del linaje de la familia y de la estirpe de caballeros de la que venía: también lo estaba por su relación con Dios. Se sentía escuchado por Él y estaba convencido de que le hablaba a través de sueños o situaciones que le mostraban el camino que debía seguir en momentos de incertidumbre. Nuestra familia estaba bendecida al mando de mi padre. En la vida de mi padre solo había alguien con casi la misma importancia que tenía Dios para él: mi madre, a quien amó más que a nadie en el mundo.

Vivimos de la tierra y el comercio, pero nuestra fuente primordial de sostenimiento fue la pesca. Al igual que quienes precedieron a mi padre, él también fue un señor feudal con varias tierras; tuvo una comarca entre Padua y el puerto pesquero de Atria, en el mar Adriático, pues nunca quiso separarse de la ciudad que adoptó a San Antonio, en donde el santo realizó sus milagros más importantes. Mi padre nunca tuvo miedo a desenfundar su espada para defender sus ideales y el honor de su familia, pues se sentía bajo el manto de su querido santo, del cual conservó parte de su cabello como la más preciada reliquia familiar, que pasó de generación en generación desde el padre de su tatarabuelo hasta él. Cada italiano era fiel creyente de San Antonio, pues en vida realizó numerosos milagros, que hicieron que miles de feligreses le tuvieran una inmensa confianza. Los De Santis tenemos al santo de Padua como ejemplo, pero ni siquiera él pudo interceder para acabar con la maldición que un día mi padre inició.

Yo apenas era una jovencita cuando todo empezó. Como muchas veces al año, mi padre estaba en altamar, pero aquella vez mi madre estaba embarazada de Lucio. Había calculado volver antes de que el invierno llegara, pues se había previsto que mi hermano nacería en noviembre. Lucio nos sorprendió al apresurar su llegada, pero fue más sorprendente aún el inesperado regreso de mi padre dos días antes del nacimiento.

Una noche tormentosa, mi padre vio en sueños cómo el cuerpo entero de mi madre se llenaba de sangre y de su vientre, una pequeña y horrorosa criatura brotaba de sus entrañas comiéndose a su hijo. En medio de la soledad del mar y de la doble oscuridad de la noche, en el vasto océano mi padre le rezó a San Antonio para que intercediera por su mujer ante el señor, pues temía que la muerte estuviera cerca de ella y su hijo. Cada noche mi padre soñó lo mismo y no halló tranquilidad alguna, porque muchas veces los sueños le habían mostrado lo que pasaría en la realidad. La angustia lo invadió tanto que perdió la esperanza de verlos con vida. Ni el santo de su devoción, ni el señor, se pronunciaron. Estaba solo y perdido en medio del inmenso mar. La situación empeoró cuando el océano enfurecido impidió que avanzara en su vuelta a casa. Cada noche lloró desconsolado en la privacidad de su camarote. Sintió un desamparo divino: ya no era más que un hombre inútil, incapaz de hacer algo para reunirse con su familia. Sin embargo, no dejó de orar para evitar escuchar los golpes de las olas contra el barco, que parecían contar los segundos del tiempo que despacio se agotaba. La sexta noche, una voz que se coló entre las olas apagó con su aliento la vela que iluminaba las oraciones de mi padre y le susurró

«Decid *sí* a las tres de la mañana y vuestra mujer e hijo vivirán». Por ser yo la mayor de sus hijos, mi padre confió en mí prudencia y me contó su más penoso secreto: había dicho «Sí». El miedo a perder a mi madre lo obligó a aceptar. A la hora indicada, antes de pronunciar aquella corta palabra, mi padre dijo en voz alta: «Llevaros mi alma el día de mi muerte, pero dejadla a ella y a él vivir». Mi padre, entre lágrimas, me contó lo que escuchó: «No os costará tanto, decid sí y lo que más queréis vivirá» entonces, sin tener más opciones, mi padre aceptó.

Lucio fue el último de mis hermanos. Éramos doce hijos: Abelardo, Bartolomeo, Claudia, Matteo, Valerio, Gabriela, Beatrice, Giuseppe, Roberto, Rocco, Lucio y yo, Ágata, la mayor de las mujeres. A cada uno de los varones mi padre le dio como segundo nombre, el de Antonio, para homenajear al santo de su devoción y seguir con la tradición familiar.

Mi padre dejó de navegar y permaneció la mayoría del tiempo en la comarca desde que Lucio nació. La responsabilidad del negocio pesquero se la otorgó a uno de sus subordinados más experimentados y fieles. No quiso que ninguno de sus hijos navegara el barco que llevaba el nombre de mi madre: Gabriela. No quería que nadie en la familia pasara por el mismo tormento.

Mi madre murió pocos meses después de que Lucio cumpliera los seis años. Mi padre sufrió su partida, pero sintió el consuelo de haber estado junto a ella unos años más. Lucio no solo era el hijo preferido de mi padre, sino que era el más talentoso de todos. El don de mi hermano no es de este mundo, pues realizaba con gran facilidad cualquier tarea u oficio que se empeñara en hacer, pero lo que más le apasionaba era pintar.

Dio sus primeras pinceladas cuando apenas tenía cinco años. A esa edad ya era indudable su capacidad para combinar los colores y para plasmar los detalles más difíciles en una pintura. A los dieciséis pintó hermosos cuadros de Atria y sus puertos, así como de Padua y naturalmente, de San Antonio, los que donó a la iglesia junto con otros más. Mi padre se sentía orgulloso de él, pues sus obras fueron exhibidas en varios lugares de la región. Cuando cumplió los veintiséis, mi hermano era ya un afamado artista. Su talento solo se vio opacado por su reservada personalidad: sus palabras eran las pinceladas en sus cuadros, sus frases los colores y sus abrazos nuestros retratos.

Cada cuadro que pintó fue considerado una obra de arte y su fama se extendió más allá del Véneto y Lombardía. Además de plasmar bellos lugares, retrató a importantes señores feudales y a sus hijos. Sus pinturas eran una creación exacta que de alguna manera reflejaban la vida del retratado. Era como si en su lienzo estuviera estampada la vitalidad de quienes eran retratados, combinada con un poco de su propia alma. Dicha perfección hizo que cada pintura con su firma fuera el más preciado de los bienes para quienes tenían una de sus obras.

Su seudónimo fue Mangata: con ese nombre firmó todos y cada uno de sus cuadros. Mi hermano era realmente un prodigio, pues a sus once años ya hablaba seis idiomas. Un día, cuando leyó uno de los tantos libros de la biblioteca familiar, encontró fascinante el significado de la palabra con la que se dio a conocer, ya que le recordó las muchas historias que mi padre nos contaba cuando solía navegar los océanos. Mi padre nos decía que siempre encontraba una inexplicable serenidad al observar el camino que la luz de la luna dibujaba sobre el tranquilo mar «Siempre que veía el camino que reflejaba la luna, sentía que el viento soplaría a mi favor y volvería junto a vuestra madre y a vosotros».

Con el paso del tiempo mi padre dejó de pensar en la voz que le habló la última vez que estuvo en altamar. Todos sus hijos gozaban de buena salud y la vida trascurría sin problemas, por lo que pensó que aquello había sido una prueba para demostrar qué tan intensa y fuerte era su fe. Creyó que su deuda se había pagado con el hecho de que el altísimo ya no se comunicaba a través de sus sueños o de ninguna otra forma con él y por eso sintió una inmensa tristeza, pues ya no era especial. Sin embargo, aceptó el silencio divino. «Ese fue el precio por el cual Lucio está con vida y por el que pude disfrutar unos años más de la compañía de vuestra madre» me dijo una noche.

A la edad de treinta años, Lucio ya había retratado a más de cien personas reconocidas de Italia, entre ellas duques, sacerdotes y obispos. Muchas de sus obras fueron encargadas. Su fortuna era tan grande como su fama. Conseguir una hermosa mujer nunca fue un problema para él, pero cuando conoció a Antonella, la hija del duque Fontana de Lombardía, se enamoró perdidamente de ella. Se casaron, se fueron a vivir a una hermosa hacienda ubicada en las cercanías de Citadella y formaron una numerosa familia.

Todo trascurrió con normalidad en el Véneto y las regiones aledañas, hasta que algo extraño empezó a suceder. Tres personas murieron de la misma forma: suicidio. La noticia se esparció por toda la región. Los habitantes estaban alarmados, pues algo así no había sucedido jamás y mucho menos en tan cortos plazos de tiempo entre cada muerte. Los pueblos enteros vivieron bajo el miedo y la zozobra, pues los suicidios no se detuvieron. Todos hablaban ya de una maldición y buscaron explicaciones. Los extraños sucesos fueron entendidos de una sola forma: Dios estaba furioso con ellos y los había maldecido.

En vano se realizaron durante años misas y promesas en los pueblos de las regiones ya malditas, para evitar que la pecaminosa plaga de muerte siguiera propagándose entre sus habitantes. Mi padre sintió una inmensa tristeza. Creyó que, si sus palabras aun fueran escuchadas en el cielo, sabría cómo reestablecer el orden. Sin embargo, fue él quien tiempo después, comprendió lo que estaba sucediendo.

El último hijo de Lucio nació y mi padre fue a conocerlo. No pudo ocultar la alegría de que fuera un varón, porque el apellido perduraría en el tiempo. Como muchas otras veces, en su niñez y juventud, Lucio aprovechó la estancia de mi padre para mostrarle la más reciente de sus creaciones, pero en aquella ocasión, mientras Lucio le describía los detalles del retrato, algo distrajo sin remedio a mi padre: notó, en un segundo de infame revelación, que todos aquellos que se habían suicidado hasta la fecha, estaban en los bosquejos que mi hermano normalmente hacía antes de pintar. Veinte de las veintiuna personas que cometieron suicidio, habían sido retratados por Lucio. Mi padre, confundido, pensó entonces que mi madre murió por culpa de Lucio, ya que el primer retrato que hizo fue el de mi madre, cuando tenía cinco años. Se maldijo porque se sintió responsable de todo lo acontecido. Esa noche, se fue de la hacienda de mi hermano, acompañado de los sentimientos más oscuros y tristes que jamás había sentido.

Días después, cuando mi padre me contó lo que vio, fui a la hacienda de mi hermano para constatarlo con mis propios ojos. Le conté lo que mi padre pensaba y tomé nota de todos y cada uno de los retratos. Juntos, rememorando cada una de las muertes y pinturas, intentamos encontrar una explicación. La idea de que Lucio había traído la maldición se esparció rápidamente. Un gran grupo de personas lideradas por los más importantes gendarmes y caballeros de las regiones, se reunió y conciliaron que debían encarcelar a Mangata para evitar que pintara un cuadro más. Mi padre, bajo el afán de salvar a todos aquellos que fueron plasmados bajo el pincel de su hijo, lideró el grupo. Cuando llegaron a la hacienda, la mujer e hijos de mi hermano ya habían partido rumbo a

Francia. Intenté que mi padre entrara en razón, pero en aquel momento fue imposible; él mismo aprehendió a Lucio. La muchedumbre, al ver la cantidad de personas retratadas por Mangata, entró en cólera y clamó por la muerte del artista. Mi padre evitó en ese instante que aquello sucediera, pero no pudo impedir que cortaran la mano derecha de mi hermano. Sin embargo, eso no fue suficiente para ellos pues, dominados por el miedo, persistieron en exigir la muerte del pintor. Mi padre, en medio de aquella confusión, recordó su amor hacía él y en un inédito acto hirió a uno de los gendarmes e incendió la galería entera, para luego adentrarse a ella con mi hermano.

Mi padre dio su vida por Lucio esa noche y quedó enterrado bajo las brasas de las pinturas de su hijo más querido. Lucio escapó y se reencontró con su familia en Francia. Al igual que él, mis otros hermanos y yo, tuvimos que cambiar nuestros nombres y apellidos y marcharnos lejos del Véneto para empezar una nueva vida. Desde el sacrificio de mi padre, mi hermano juró que nunca volvería a pintar, pero un tiempo después, rompió su promesa para hacer su retrato, el cual firmó como M. H. J. No sé aún que significa aquella sigla, pero supongo que simboliza un recuerdo que solo él tuvo con mi padre.

Todos creyeron que con la muerte de Mangata, la maldición se detendría, pero no fue así. Varias docenas más de personas murieron bajo la misma circunstancia.

Tiempo después, le desvelé a mi hermano el oscuro secreto de mi padre y juntos, entendimos lo sucedido. Mi padre en algo tenía razón: todos aquellos que se suicidaron fueron retratados por mi hermano. Sin embargo, hubo algo que él no pudo entender y que solo el tiempo nos reveló: solo caerían en la maldición aquellos que pidieran ser retratados. La muerte llegaría seis años después de que su imagen adornara la casa del retratado. No hubo escapatoria alguna para aquellos que pagaron por una obra de Mangata. Muchos las llevaron a la iglesia buscando salvarse con una bendición, otros mandaron a tachar sus rostros de las obras y otros las quemaron, pero nada cambió su suerte.

Un campo de tulipanes

Desde el inicio del tiempo, he estado vagando por los rincones del mundo. Soledad es uno de los muchos sinónimos de mi nombre, ni siquiera una sombra me acompaña en el camino. Nada afecta mi paso, ni el objetivo de mi imperceptible existencia. Mi piel pálida se esconde tras el manto oscuro que me hace invisible ante cualquier ser viviente.

Con los dedos de una mano, puedo contar las almas que han visto mi rostro; son muy pocos los que tienen el extraordinario don de la visión más allá de la vida y quienes en verdad consiguen abrir sus ojos son asaltados por el tiempo que indica su final. Nunca he sentido la caricia del viento en mi piel, ni el hormigueo en mi vientre nacido en la belleza del sol al fundirse con el mar. No, yo no siento nada. Soy la puerta al otro lado, soy quien trae lo que para todos es seguro: esa es mi obligación.

Una lista interminable de citas se alberga en mi mente. Mis recuerdos son momentos nítidos, fúnebres y tristes que llevan un nombre propio junto con una fecha y un lugar exactos. Durante mi existencia he sido un observador sigiloso que ha presenciado con exactitud lo que los libros cuentan parcialmente. Conozco las mentiras y sus opuestos, no hay palabras ni actos que me engañen. Nadie puede eludir mi llegada, ni mucho menos evitar el único instante en que se me es permitido tocar a un ser viviente. Parte de cada existencia que termina es cubierta por mi manto hasta unirse a mí; es el premio que recibo: ser todos y ser nadie. Mi inteligencia es abrumadora, pero no me ha servido para entender ni una mínima parte de lo que un ser puede sentir, hasta que ella apareció.

El veintitrés de julio de 1404, mis serenos pasos me llevaron hacia los bosques cercanos de Sigtuna, en la bucólica Suecia. Mi sentido de orientación me llevó a un viejo camino adornado por la naturaleza. Llegué a un valle cubierto por tulipanes y custodiado por una pequeña casa donde vivía Gustav; quien debía acompañarme. La puerta de su casa, que estaba cerrada, era lo único que nos separaba. Ya dispuesto a cruzarla, se abrió de par en par, enmarcando un tierno rostro que se interpuso ante mi fría mirada. Era una pequeña niña. Se interpuso en el camino ya señalado, como si quisiera retrasar aquel inevitable evento. Sus ojos se movieron de un lado a otro buscando algo con cierta certeza, hasta que se fundieron con los míos en una intensa mirada que me costó unos segundos. En su cara, noté una extraña seguridad que derrocó el miedo que durante un instante recorrió su cuerpo. Confirmé mi lista y sí, ella no era la siguiente; pero ¿cómo fue posible que pudiera verme? Entré y me incliné junto a la cama de Gustav, aquel honrado campesino que trabajó la tierra durante todos los años de vida. Sin perder más tiempo, rocé su frente con mi lúgubre mano; luego lo taché de mi lista.

Cumplida mi habitual tarea, me alejé entre los tulipanes, siguiendo el nuevo camino trazado hasta que algo me obligó a girar. No sé qué impulso interrumpió mis pasos, pero sí sé qué buscaban mis ojos: mientras que aquel colorido tapiz de tulipanes exaltó mi oscura existencia, ella no dejó de mirarme.

Durante seis años recorrí el mundo cumpliendo el mandato que me fue impuesto. En la quietud de la soledad, me di cuenta de que mi mente había sido corrompida por una mancha colmada de vida. Un recuerdo vivo flotaba entre las memorias grises de los seres que me he llevado. No pude comprender cómo esos detalles habían podido sobrevivir en mi funesta mente. Los ojos y el rostro de la niña, sobresalían junto a los tulipanes en los que me vi inmerso. Toda la experiencia adquirida durante tanto tiempo no me ayudó para comprender aquella detallada memoria.

Después de estar alejado un largo tiempo de los campos suecos, la curiosidad me llevó de nuevo hasta esa alfombra natural y colorida cerca de Sigtuna. Nunca antes había roto mi rutina. Sus tulipanes acogieron el recuerdo de aquella niña; pasé por su hogar para descifrar la duda de aquel recuerdo en mí. Llegué a la vieja casa y me detuve a observar su campo durante unos instantes. Una mujer de cabello dorado y grandes ojos azules, corría descalza entre los tulipanes que uno a uno acariciaban su piel. No sé durante cuánto tiempo estuve allí; la vi hablar con su madre y jugar con su hermano menor. No parecía estar triste, pero su rostro permaneció serio en cada momento.

Pasados los años, su recuerdo se hizo cada vez más intermitente. Mi serenidad se vio obstruida por aquella vida que encandilaba mi camino. Frecuenté un par de veces al año el campo de tulipanes para tratar de entender cómo ella pudo verme. Tal vez fue solo una equivocación mía, pero ¿acaso puedo yo equivocarme?

Ella trazó su vida como casi todos los vivos hacen: se casó y formó una familia. Cuando por primera vez los vi juntos, noté que su hijo era el fruto de su alegría. Su comportamiento cambió, era distinto la mayoría del tiempo: ser madre había hecho que en su rostro fino y serio se reflejara a su vez una mirada tierna y sencilla.

Sin darme cuenta, un día mis pasos me llevaron a ella. Al acercarme lo suficiente, el manto que me oculta de los hombres se volvió un trapo inservible que cubría mi pálido cuerpo. A través de su mirada de cristal vi su interior, su esencia. Mi fortaleza se derrumbó con las palabras que nacieron en su boca, pues mirando las cuencas vacías de mis ojos me dijo: «Te he visto antes en el campo: ¿por qué estás aquí si no vienes a llevarme?» No respondí, porque no tenía una respuesta. Durante segundos nos unimos en una larga, intensa y silenciosa mirada. Luego me alejé de ella buscando ser invisible y esconderme de nuevo entre las sombras que me amparan.

Después de aquel día, no volví a frecuentar aquellos campos de tulipanes. La lista era más importante que cualquier duda mía; sin embargo, su recuerdo no dejó de perseguirme, aunque me había alejado sin remedio alguno, porque sabía que un día tendría que volver. La lista me obligaría a hacerlo.

El veintisiete de noviembre de 1418, en la oscuridad de una noche fría de invierno, anduve por aquella tierra tapizada de blanco; pero esa noche, mis ojos proyectaron todos y cada uno de los tulipanes. En mi mente, pude verla jugar entre ellos, hasta que la luz proveniente de la casa me interrumpió. De pie, en la entrada, estaba ella: sabía que había llegado. Tal vez pudo sentir aquel frio tan particular que acompaña mi presencia. Esperó hasta que me acercara a su madre para mirarme una vez más; esa vez sus ojos azules brillaban debido a las lágrimas que se empozaban en sus adentros: un sentimiento con el cual estoy familiarizado, aunque nunca lo he entendido, ni lo sentiré. No obstante, he visto sus múltiples caras y he oído las palabras que surgen en él. Desvelé mi mano derecha, siempre oculta bajo mi manto, para cumplir mi tarea; antes de tocarla, con una débil voz, la anciana pronunció el nombre de su amada hija: «Inga». Retumbó dentro de mí aquel nombre. Acaricié su mejilla, al mismo tiempo que repetí el ritmo de esas cuatro letras que le darían un nombre a mis únicos recuerdos vivos. Mi mano ya había apagado su vida. Inga se fundió entonces en un abrazo con su hermano e hijo, mientras yo me escondía en las sombras del rincón para marcharme en la tranquilidad de la noche.

El seis de julio de 1419, el sol reinaba solitario en el cielo. Desde lo lejos, vi como los tulipanes se alzaban maravillosos adornando con su arte la tierra. Dos sombras se movían una tras la otra, parecían mecerse al son del viento, eran Inga y su hijo, quienes jugaban descalzos en el campo. No estaba allí para verla desde lo lejos, ni para buscar comprender lo que en sus ojos se albergaba para poder verme: estaba allí otra vez por mi lista. Me vio y se detuvo, se acercó a su hijo y lo abrazó, observando mis lentos pasos entre los tulipanes y sin oponerme, me hice visible ante ella. Inga cargó a su hijo como si de un recién nacido se tratara, hasta que ambos se aferraron en una sola piel. Su mirada ya no era para mí, pues sus ojos se habían anclado en aquel pequeño cuerpo que la abrazaba fuertemente. Descubrí mi mano derecha y la llevé hacia el suave e inocente rostro de su hijo, con la única intención que en mi caricia nace. Inga no dejó de abrazarlo, incluso cuando su vida ya había concluido. Cumplida mi tarea, di unos cuantos pasos para seguir la nueva ruta marcada, hasta que su quebrantada voz me detuvo al decir «No te vayas». Volví a posarme frente a ella para desentrañar una vez más qué ocultaba en sus ojos. Me miró desde lo más íntimo, dejando su ser al descubierto mientras su cabello se movía con el paso del viento. Su rostro, serio pero apacible, me dejó entrever una vez más lo ignorado por el hombre. Y así lo hice: lo vi todo en ella. Su ser me distrajo hasta el punto en que en sus ojos vi mi reflejo y fue entonces cuando estiró su brazo derecho y por un corto instante acarició delicadamente mi mejilla.

Oculté mi verdadera duda. Me hice a mí mismo la pregunta equivocada, pues en realidad no pretendía entender cómo ella podía verme: en verdad solo quería saber por qué yo la miraba de la forma en la que lo hice. Inga ocupó mi lugar durante un momento y tachó su propio nombre de mi lista para llevarse un trozo de mí. Jamás sabré ni entenderé, cómo aquellos ojos azules pudieron despojarme del manto que me cubre, ni tampoco lo que un corazón siente y alberga en su interior. Pero ahora sé lo que alguien puede llegar a hacer por otra persona, cuando siente algo tan fuerte como lo es eso que llaman amor.

Pecados del ser

"Nada puede resultar más absurdo que, partiendo de la reflexión, querer ser algo distinto de lo que se es".

Arthur Schopenhauer

Ámsterdam, 17 de noviembre de 1882

Desde los quince años escribo lo que de verdad pienso y siento, para luego firmar y prenderle fuego a las hojas. Creía que así, con las cenizas de lo que escribía, todo lo que no me atrevía a decir volaba entre la gente y se mezclaba con ellos. Porque, aunque siempre quise revelarme y mostrarme sin miedos, no lo hice. Por eso representé un papel tal y como la sociedad lo dicta: llevé una máscara que ocultaba quien soy, solo para ser aceptado, ya que al igual que todos, no podía alejarme y vivir en soledad.

En 1845 me fui de Madrid. Tenía diecinueve años cuando escapé de la hipocresía, anhelando poder dejar fluir mi vida. En París, me refugié en mi amor por la pintura y me realicé como artista.

Crecí en un típico hogar aristocrático: entre una numerosa familia con gran abundancia económica y bajo las estrictas leyes de la iglesia. Mi padre, Ernesto de Alba, era un reconocido conde y político, y mi madre, Claudia de Borbón, pertenecía a la nobleza francesa. Además de infundirnos sus ideologías políticas, de educarnos de manera rigurosa y de hacernos sentir superiores a los demás debido a nuestra sangre noble, nos inculcaron la fe católica como claro estandarte a seguir. Crecí pues, siendo un fiel creyente, al igual que mis hermanos; sin excepción. A pesar de que íbamos a misa todos los domingos, mis padres nos llevaban a la iglesia entre semana cada vez que era posible. Las palabras que el padre decía durante la eucaristía salían de mi boca con claridad, incluso antes de escucharlas. Conozco los salmos y cada uno de sus versículos a la perfección.

Como en cada familia de alto nivel social, mis padres nos presionaron a desarrollar un talento, aunque este no fuera natural, pues era una obligación social y familiar infundir la pasión por el arte y la política. A diferencia de mis hermanos, tuve la suerte de amar aquello en lo que mis padres tanto me insistieron: pintar.

En casa siempre me sentí un farsante. Nuestro hogar parecía más un museo lleno de frías figuras, vestidas con caras ropas que esperaban ser vistas y elogiadas por los demás. Siempre añoré la espontaneidad de la vida para mi familia: todo debía ser pulcro y calculado. Muchas veces envidié las sonrisas y los juegos de los hijos de la servidumbre, quienes fueron lo más cálido de nuestro hogar. Con el tiempo, me di cuenta de que la mayoría de las cosas que mis padres hacían, llevaban siempre intenciones de reconocimiento social. Ir a misa, una fiesta, un bautismo, visitar a un amigo enfermo o incluso un funeral, no había nada que no sirviera para exhibirse en sociedad. Ni siquiera nosotros, sus hijos, nos salvamos de formar parte de sus manipuladores actos. No puedo negar que amo a mis padres y que ellos nos amaron a su manera, pero hubiese preferido no ser consciente de aquellas preparadas escenas. Para mis padres, la imagen social era quizá lo más importante y no los culpo: tal vez ellos desearon alguna vez no llevar esa línea ya trazada. La vida en casa era más que nada una silenciosa competición, en la que hasta el más mínimo detalle valía la pena para ganarse el afecto de nuestros padres o para ser el más ovacionado en las reuniones.

Quiero a todos mis hermanos, pero a Tadeo es a quien más quiero y admiro, no solo por su forma de ser, sino porque es el más natural de todos nosotros y no se dejó moldear. Mis otros hermanos son reconocidos socialmente: Eduardo es escritor, Miguel es político, Verona se casó con un varón y Ernesto es músico. Fuimos el calculado orgullo de mis padres y por eso fueron estrictos cuando de aparentar se trataba. Tanto así, que muchas veces inventaron excusas para no llevar a mi hermano Tadeo a sus reuniones, pues él, a diferencia de nosotros, nunca fue buen estudiante, ni era educado. A sus ojos, no tenía ningún talento e incluso lo repudiaban porque su piel era morena: quemada por el sol.

Para casi todos, Tadeo era irresponsable, vago y necio, principalmente porque no asistía a la escuela y no escuchaba, ni hacía caso a lo que mis padres le decían. «No puedo estar encerrado en aquel cuarto mientras afuera está haciendo un día precioso» me dijo más de una vez queriendo explicar por qué no asistía a clases. A él le apasionaba estar cerca de la gente, los animales, los árboles y jugar en el jardín. Para mis padres, él fue una desilusión. Pasó tanto tiempo con la servidumbre y sus hijos, que parecía más vivir con ellos que con nosotros. Desde muy pequeño, mi hermano se escapaba de clase y se iba a una enorme granja ubicada en las cercanías de la escuela. Allí pasaba las horas entretenido con las vacas y cabras. El dinero que ahorraba o robaba de mis padres, lo utilizaba para comprar maíz y darle de comer a las gallinas. En casa no era muy diferente, pues estaba la mayoría del tiempo junto al jardinero, observando cómo cuidaba y regaba las plantas. Muchas veces se ensució con barro sus caras vestimentas. Durante las noches, mi madre nos leía los cuentos clásicos para dormirnos. Yo siempre cerraba mis ojos esperando a que se fuera, ya que después Tadeo me contaba cada una de sus aventuras durante el día. Cuando escuchaba las cosas que hacía, deseaba formar parte de sus escapadas, pero nunca tuve el valor de hacerlo.

A medida que Tadeo crecía, la relación entre él y mis padres empeoraba. En 1832, cuando cumplió los dieciséis años, mi madre no lo abrazó para felicitarlo porque olía a sudor. Nunca olvidaré el rostro de mi hermano ese día, pues nunca lo vi tan triste. Cuando cumplió los diecinueve, se fue a vivir a Sevilla tal y como él siempre lo deseó. El día en que anunció su partida, se levantó de la mesa sin haber terminado, fue a su cuarto, tomó algunas cosas y regresó al comedor para despedirse. Todos permanecimos en silencio, nadie se atrevió a decir una palabra. Durante aquel absurdo momento, Tadeo se acercó a mí y me susurró algo al oído, para luego salir de la casa sin mirar atrás. Quise levantarme, darle un fuerte abrazo y decirle que lo quería, pero de nuevo, como muchas otras veces, no me atreví a quebrantar la rigidez de mi familia. La partida de Tadeo no fue comentada por mis hermanos, parecía que nadie lo recordaba, al menos en voz alta, pero sí escuché las conversaciones sobre él y su forma de ser en la cocina, donde fue recordado varias veces.

Muchas personas observan mis cuadros con detenimiento, se dejan llevar por lo que reflejo y por los vivos colores que generalmente uso. Pinto no solo porque me apasiona al plasmar la belleza que mis sentidos perciben, sino también porque con cada pincelada que doy libero mis resentimientos, dudas y miedos que a un hombre pueden atormentar. Durante mucho tiempo, usé la pintura para aparentar lo que no soy y eso me duele hasta los huesos. En secreto, pinté lo que mi corazón me dictaba, pero me dediqué más que todo a ilustrar mi admiración por la belleza femenina. Esa fue de alguna forma, la manera en que escondí parte de mi verdadero yo, pues desde muy pequeño me sentí atraído por los hombres.

Lo descubrí a los diez años, cuando fuimos a Suecia de vacaciones. Estuvimos dos meses en una preciosa casa de campo en Halmstad, una ciudad rica en historia y cultura, conocida también por sus encantadoras playas. Fue allí, donde por primera vez sentí admiración por un hombre que no era mi padre o mi hermano: uno de los hijos de la sirvienta. Su nombre era Elov, cuatro años mayor que yo. Durante varios días lo observé en silencio desde la irónica lejanía que nuestra clase social marcaba. Era un joven alto, delgado, con una cara hermosa, digna de ser inmortalizada, lo cual hice años después en mis lienzos. En aquel verano, se plantó en mí una intensa confusión, pues no era normal que me sintiera atraído por otro hombre: era un pecado que en mi mente se paseara una y otra vez la imagen de su rostro. Evitaba estar cerca de él porque su mirada me hacía creer que estaba poseído por un espíritu y sentí un fuerte deseo de romper la frontera entre su piel y la mía. Verlo cada día jugar con sus hermanos en la playa, era para mí una tortura. Quise acercarme a él y hablarle para por fin compararlo con la imagen que creé de él en mí, pero nunca lo hice. La última noche, mis padres decidieron hacer una pequeña fiesta e invitaron a una familia francesa que recién había llegado a una casa junto a la nuestra. A escondidas, probé el vino que los mayores tomaron, lo cual era ya una osadía. Cuando ya era tarde, mi madre nos llevó a la cama y al dejarnos solos, salí del cuarto para ver una última vez a Elov, pues al día siguiente regresaríamos a Madrid. Fui a la playa en donde normalmente se reunía con sus amigos y lo observé oculto desde los arbustos, pero no conté con que él me vería. Se acercó a mí. No sé por qué lo hizo, pero allí estaba él, frente a mí, por primera y única vez. Le dije en unas cuantas frases lo que sentía. Él me respondió algo, pero no le entendí. Seguramente él tampoco entendió lo que le dije, así que buscando querer decirle lo que pensaba, bajo la luna de aquella noche, me acerqué a él y le di un beso. Él me miró de una forma en la que nadie lo había hecho antes e inmediatamente se alejó de mí. Jamás había sentido tantas cosas como esa noche. No entendí por qué lo hice y culpé al vino de ser el causante de todo.

Estando de vuelta en Madrid, llevé conmigo un nuevo yo: inquieto en su interior, lleno de miedo y confundido. Cada vez que recordaba mi primer beso, sentí que había cometido el peor de los pecados, pues Dios solo permitía el amor entre el hombre y la mujer; todo lo demás era una abominación. Con el tiempo, empecé a ver a los demás jóvenes de otra forma. Observaba atento sus gestos y sus cuerpos. Llegué a pensar que estaba poseído por un demonio o que estaba enfermo. Me sentí desorientado y perdido, tanto que ni siquiera con mi hermano Tadeo hablé sobre la extraña naturaleza de lo que sentía y pensaba. Con el tiempo, al fin canalicé mi mutado ser y sus sentimientos a través de la pintura.

Una vez, quise confesar mis pecados, pero ni siquiera me pude descubrir ante el clérigo y al fin cometí otro pecado más: le mentí. Mi madre, haciendo uso de su don maternal, se dio cuenta de lo inquieto y atormentado que estaba viviendo. «El señor nos ama a todos», me dijo, pero yo sabía que vivía en un mundo de seres imperfectos escondidos tras una fachada y que ellos no aceptan, ni aman a todos como la Biblia dice que debemos hacerlo. «Arrepiéntete de corazón de los pecados que te afligen y Él te perdonará» me repitió más de una vez, pero ¿arrepentirme de qué? ¿de mis sentimientos? Sé muy bien que, en la tierra, el hombre no obra como predica, sino que rechaza lo que es diferente, lo que a sus ojos no es natural. Creí entonces que, de alguna forma, estaba maldito. ¿Es un pecado sentir lo que siento? ¿No es acaso el amor lo más natural? Las frases de mi madre, en vez de darme serenidad, me confundieron aún más.

Durante años, viví escondiéndome. Me relacioné socialmente como es debido, pero nunca me mostré tal y como soy. Mis temores y dudas fueron siempre más fuertes que yo. Muchas veces, al decir mi nombre en voz alta para presentarme: «Alejandro de Alba Borbón», sentía una pesada máscara de hierro sobre mi rostro, hierro fundido con las expectativas sociales, las costumbres familiares y una fuerte convicción católica, que me llevó a la peor época de mi vida. Fue entonces, estando en París, cuando decidí cometer el peor de los pecados.

A los veinte años, mientras vivía camuflado bajo el linaje de mi apellido, conocí a François, un varonil joven, proveniente también de una familia noble. Compartíamos el amor por el arte: él era dramaturgo y para esa época ya había escrito varias obras conocidas. Muchas veces paseamos juntos por los campos elíseos e intercambiamos nuestras ideas y pensamientos.

Muchas noches, soñé que me convertía en una horrorosa criatura y que era exiliado a vivir los tormentos más deplorables del hombre; sentenciado a la más terrible soledad y cada mañana, durante años, me levanté envuelto en sudor y llanto. La noche en que me despedía de François, quien se iba a vivir durante un tiempo a Londres, bajo el dominio del vino, le confesé a mi querido amigo mi secreto. No solo tuve la satisfacción de vaciar lo que había escondido tantos años en mi corazón y en mi mente, sino que también me llevé una sorpresa, pues François, además de entender lo que le revelé, me dio refugio en sus brazos.

Durante muchos años, vivimos nuestro amor en silencio y en la distancia. Ahora vivimos juntos en una pequeña casa a las afueras de Ámsterdam. Ya nadie me conoce como Alejandro de Alba, pues un día, sin siquiera pensarlo, firmé mis cuadros con otro nombre: Esteban de Lebrija, en honor a mi hermano Tadeo Esteban, quien vive en Lebrija, tal y como siempre lo soñó. Muchos compran mis cuadros, sin saber que reflejan lo que fui, mi transición y lo que soy. Me preguntan de dónde viene mi inspiración y siempre respondo lo mismo: la libertad. Otros quieren saber cuál es mi cuadro favorito y al pensar en él sonrío, pues viene a mi mente una imagen en especial. El cuadro cuelga en la pared de mi dormitorio. En él, un niño bien vestido ensucia sus ropas, mientras juega sonriente con los animales sobre el verde pasto. Cada noche, al acostarme y cada mañana, al despertarme, lo observo con ilusión y nostalgia y recuerdo lo que mi querido hermano me susurró al marcharse de nuestra casa: «sé libre hermanito, sé libre».

Este registro es el último que escribo, pues a mis cincuenta y seis años, por fin me he liberado. Por eso, estás letras no arderán en mi chimenea. La guardaré entre mis posesiones, para que quien la encuentre cuando me haya ido, sepa, en parte, lo que fui y quien llegué a ser.

Esteban de Lebrija

Antonio Mena O'meara

Corazón turbio

> *"La fe es el pájaro que canta*
> *cuando el amanecer todavía está oscuro".*
> Rabindranath Tagore

La parroquia de Nuestra Señora de la Concepción de Teorama escondía mucho más que los pecados de quienes se confesaban a diario con el padre José. Él y sus estatuas callaban un secreto conocido por muy pocos y buscado por muchos.

Las inmensas montañas que protegen y esconden al Paisaje de Dios no fueron suficiente amparo para evadir el tormentoso tiempo que cubrió su valle. El pueblo entero vivía en constante alerta para evitar que la plaga llegara a sus hogares, pues Colombia entera parecía estar bajo su cruel penumbra. Muchas veces, los extranjeros fueron vistos con recelo. Se desconfiaba de ellos por no saber nada sobre su proveniencia, pero principalmente porque era imposible saber si escondían bajo sus ropas la maldición a la que tanto se temía. Ese miedo fue la causa de la exagerada precaución de requisarlos al entrar. El padre, junto con el curandero y un policía, cubiertos del todo, inspeccionaban el cuerpo desnudo del forastero en busca de marcas para estar seguros de que se encontraba sano. Quien no estuviera maldito, podía entrar, pero quien llevara la marca de la plaga, sería desterrado y se avisaría a las autoridades para que se hicieran cargo del asunto.

Una mañana de junio de 1902, sentados con las sillas recostadas sobre la pared de la humilde casa en la que vivíamos, mis padres y yo desayunábamos contemplando la grandeza de las montañas del Catatumbo, hasta que la atención de mi madre se enfocó en una roncha rosada que se asomaba por debajo de la manga de mi camisa. De inmediato me untó con uno de los menjunjes que usaba para curar picaduras, esperando que esta desapareciera. Aquella noche, temerosos por perderme, mis padres no durmieron. Pasados los días, la marca en mi brazo no desapareció, sino que se multiplicó. Con extrema cautela, mi madre le pidió al padre que nos visitara con la excusa de que mi abuelo estaba muy enfermo. La mentira no duró mucho tiempo: él intuyó el origen de dicha petición. Después de haber observado detalladamente las marcas en mi espalda, dictaminó que la maldición había llegado a nuestro hogar para cebarse en mí. Mis padres sabían lo que me sucedería. Para entonces tenía tan solo doce años. Mi madre le suplicó que no me delatara, pero él nada podía hacer; la ley, que se creía divina, excedía sus influencias. Esa noche, mis padres rezaron por mi liberación. Yo aún no entendía con exactitud lo que pasaba, pero la tristeza de mis padres no auguraba nada bueno.

Al día siguiente, el padre José tocó la puerta de nuestra casa. Mi madre, quien desde la ventana ya lo había visto acercarse despacio y seguro como si de la parca se tratara, pensó que todo había acabado para mí. Antes de que ella pudiera suplicarle de nuevo, él le pidió que entraran para hablar. Aun no entiendo el origen de su decisión, ni por qué fui yo el elegido habiendo tantos otros casos como el mío. El padre me escondería en la iglesia, quebrantando así la ley, refugiándose en una ambigua misericordia, pues esta debía ser aplicada para todos.

Pensé que mi suerte provenía del cielo, pues no había nadie que pudiera escapar. Nadie huía de la mirada sospechosa de quienes estaban sanos y libres de maldición: ricos, pobres, mujeres, ancianos o niños, todos éramos insignificantes ante aquel estatuto escrito por un gobierno injusto para una sociedad intolerante y prejuiciosa. Cada mes, docenas de policías realizaban las debidas requisas en los hogares de cada pueblo o ciudad, en compañía de un médico o un curandero, o incluso de un padre, que ejercía como juez para dictar un veredicto final, que siempre incluía una cadena perpetua al ostracismo y al exilio.

Viví oculto en el cuarto más aislado de la iglesia. Allí dormí, comí y jugué en silencio, esperando una cura, sin importar su procedencia. Se me había prohibido salir, pues si alguien me veía, me denunciarían y sería llevado al lazareto. No sé cuántas noches lloré mi soledad durante mi encarcelamiento voluntario, ni tampoco cuantas repasé uno a uno mis recuerdos para mantener intacta mi ilusión de vivir. Durante varios meses, unté en mi piel pomadas esperando curarme, pero de nada sirvieron. Solo me quedó buscar alivio al dolor que producían mis llagas. Cada día, extrañaba las cosas simples de la vida: Sentir el viento en mi cara, las tardes de juegos con mis amigos y la libertad, cuya importancia descubrí en su ausencia. Sin embargo, lo que más eché de menos fueron las caricias de mi madre y salir a trabajar junto a mi padre en el verde del campo. La única compañía que tuve, fueron dos muñecos de trapo que con el tiempo comencé a odiar, pues sentía que sus ojos muertos no dejaban de mirarme y me parecía que murmuraban entre ellos el desprecio que un sano siente por un leproso. El padre José fue mi sostén espiritual, aunque no pudo ocultar sus pensamientos, pues se reflejaban en su mirada.

Al principio, mis padres me visitaban una o dos veces a la semana para no levantar sospechas, hasta que la lepra transformó parte de mi rostro y cuerpo, convirtiéndome en otro. El miedo obligó al padre a mantenerme recluido sin contacto alguno, ahogando mis esperanzas. Pronto, un desasosiego adulteró mis pensamientos y mi ser. Las visitas disminuyeron, se volvieron más aisladas y duraban menos tiempo. Me vi obligado a imaginar el rostro de mis padres en cada una de ellas, pues estábamos separados por un muro de madera que siempre permanecía bajo en llave. Nuestras voces estrellándose en la puerta eran como el fantasma de nuestro abrazo. Un día, ya nadie más me visitó. Durante cinco largos años, viví bajo un encierro inconcebible, arropado por una tristeza y un abandono dañino que contagiaron mi ser de la más intensa rabia. Perdí el sentido del tiempo y de la vida, fui olvidado por los que me querían y por Dios. Sentí rabia incluso cuando el padre me habló en su nombre, sus palabras de nada sirvieron, pues mi corazón turbio ya estaba vacío: me convertí en un fantasma que habitaba el mundo de los vivos. Más de una vez, desde la oscuridad de aquel cuarto, le supliqué al señor la misericordia de la libertad en el descanso eterno, pero Él, escondido en lo oscuro de mi existencia, nunca respondió. Quise acabarlo, matarlo en mí para poder matarme a mí mismo, pero no pude, pues el padre José no dejaba de traerlo, incluso cuando yo ya no respondía. En aquella cárcel olvidé la vida bajo el sol, en una espera extraña qué confundió hasta el último de mis suspiros. Cuando ya estaba muerto en vida, en un día desconocido, dos policías me arrastraron fuera de la iglesia, bajo la fría mirada de los santos y feligreses que me hicieron sentir como una abominación de la naturaleza. El rechazo fue inminente. Quienes un día me vieron crecer, me gritaron y me lanzaron piedras. No sé quién delató mi escondite, pudo haber sido el padre José que actuó por lástima, o incluso mis padres al ver en lo que la lepra me había convertido. No me importaba, porque al menos el cierro había finalizado.

Al igual que muchos otros leprosos, fui arrastrado hasta Contratación. Cambié de cárcel; pero al menos en esta no estaría solo. Aquel lazareto, estaba rodeado por una enorme cerca de alambre de púas y custodiada por casetas con varios policías. Solo había una entrada y una salida y nadie la cruzaba sin los requeridos permisos. Era una cárcel de máxima seguridad donde nosotros, los enfermos, habíamos cometido el peor de los crímenes sin siquiera quererlo. Mi rencor hacia el creador, era ya más fuerte que la fe que un día sentí, tanto, que empecé a aborrecer cada una de las plegarias que provenían de quienes aún creían en una salvación divina.

Al entrar a Contratación, me obligaron a desnudarme para desinfectarme y confiscaron todo lo que traía conmigo. Me despojaron de mi identidad y me dieron un documento que me identificaba como leproso. Éramos tratados como cuerpos sin alma y el respeto hacia nosotros era solo una palabra sin significado. Recibíamos las bendiciones de los padres desde la lejanía, separados por un muro de alambre, pues no entraban por miedo. Nunca entendí lo que sentía al verlos, supongo que sería rabia.

Aquella degradada condición humana, no podía ser un castigo divino, no era posible que el señor se expresara con tanta crueldad y maldad contra nosotros. Después de tanto desprecio, solo pude pensar que Él ni si quiera se tomaba el tiempo para interceder por nosotros, aunque a mí, estar allí me daba una retorcida y extraña alegría, pues al menos era aceptado como uno más. Teníamos algo en común: lo habíamos perdido todo, habíamos sufrido lo indescriptible, éramos leprosos.

Algunos, cansados de vivir en aquel miserable encierro, formaron grupos de escape y planearon su huida, pero siempre regresaban: unos incompletos, pues sus pedazos de piel se engarzaban en los alambres de púas, otros con golpes y moretones, algunos terminaban encerrados en calabozos o eran obligados a empedrar las calles y los que peor (¿o mejor?) suerte tenían, morían en su intento de escape, pero de Contratación nadie huía.

Con el paso del tiempo, en el aislamiento buscamos la oportunidad que en la libertad se nos arrebató, y como una raíz en suelo árido que busca el agua para poder florecer, levantamos nuestro hogar. A los veintidós años me enamoré de la diaria compañía de una mujer oriunda de San Calixto. Ella, al igual que yo, trabajó la tierra cultivando café y frijol y vivió en una casa con vistas a las puntiagudas montañas, las cuales nos separaron cuando fuimos personas. Una caricia al caminar y un beso era lo único que nos permitíamos, pues a ambos nos avergonzaba mostrar nuestra piel llena de marcas y faltante de pedazos. A diferencia de muchos otros, no tuvimos hijos, no solo por aquella timidez que no fuimos capaces de romper, sino también porque quienes tenían hijos sufrían aún más. Niños y niñas, cuyo delito al nacer en un lazareto era estar sanos, eran apartados de sus padres, para ser dados en adopción; esa fue la extensión a nuestra condena.

Solo los hijos de don Bosco, quienes llegaron desde Italia, venían a visitarnos. Ellos mejoraron nuestras condiciones de salubridad e higiene. Venían en nombre del señor y sabíamos que los movía su fe ciega en él y la firme esperanza que por el hombre sentían. Al principio, muchos de nosotros, los vimos con rencor, pues teníamos presente los largos años de olvido a los que fuimos sometidos; pero poco a poco su presencia nos demostró la entereza de su propósito: mejorar nuestra vida. Sus actos de fraternidad, lograron un gran cambio en nuestra actitud. Nuestra fe se encendió lentamente y pasados los años, Contratación dejó de ser un lazareto. Aquel desarrollo notable trajo una garantía de vida que pensamos que nunca más podríamos tener. Si bien no pasamos del infierno al cielo, creamos un lugar intermedio en el que podíamos por fin vivir. Junto con los salesianos, construimos el templo parroquial, símbolo del fin de nuestra funesta condición.

Jamás creí que nuestra situación cambiaria, pero los salesianos de verdad fueron enviados para culminar nuestro calvario. Forjé una familia con Magdalena. Tuvimos tres niños que fueron educados en los asilos creados por ellos. Estábamos tranquilos, pues los veíamos continuamente y sabíamos que la separación obligada a la que muchos fueron sometidos años atrás era un triste recuerdo más.

Nuestro exilio acabó cuando levantamos el monumento a María Auxiliadora. Cada una de las piedras que algunos llevamos sobre nuestra espalda y que conforman ahora su camino llevan impregnado el sudor de nuestra resistente esencia y las lágrimas que derramamos durante tantos años: es un camino hecho con nuestros lamentos, silencio, soledad y miedo, pero también con nuestra renovada fe, la que nos llevó al camino de la salvación. Nuestro monumento se alza en lo alto del cerro, como una piedra eterna que manifiesta la fuerza de nuestro pueblo. En 1961, Contratación dejó de ser un lazareto y el gobierno nos devolvió nuestros derechos.

En las noches, cuando veo la luz de la luna entrar por la ventana y posarse en la puerta de mi cuarto, me veo a mí mismo recostado sobre ella, como si estuviera en el cuarto de la parroquia, donde durante varios años viví. Algunas veces escucho la voz del padre José atravesar la puerta hasta llegar a mí, diciendo: «La fe es la certeza de lo que se espera, la convicción de lo que no se ve» Tuvieron que pasar más de cincuenta años para que pudiera entender sus palabras… si tan solo las hubiera escuchado y sentido en mi encierro, tal vez, nunca hubiera perdido la ilusión, la fuerza, ni la fe.

La undécima sesión

13 de diciembre de 1928, Hospital Real de Bethlem.

Undécima Sesión.

Desde las últimas tres sesiones, he notado considerables avances en el estado de la paciente, pero la novena es sin duda alguna la más importante, ya que aceptó lo ocurrido. Debido al fuerte estado de conmoción y conflicto en el que se encontraba, me vi obligado a aumentar la dosis de los medicamentos.

La señora Brooks accedió a contarme lo que la incitó a realizar dicho acto, ya descrito la primera sesión, con una condición previamente establecida.

Aquí transcribiré, a pie de letra, nuestra conversación grabada a las seis de la tarde del 9 de diciembre.

—Señora Brooks, ¿podría usted, en tres palabras, describir su relación con el señor Brooks?

—Cariñosa, intensa, falsa.

—La inclusión de la palabra "falsa" hace que, de alguna forma, las otras dos pierdan sentido ¿por qué la ha elegido?

—Porque así fue, por lo menos desde mi punto de vista. Le contaré lo que con dificultad recuerdo y, aun así, le será imposible entender.

Con seguridad puedo determinar que lo que dice es para mantener el control de la situación, pues en las sesiones anteriores se comprobó que la paciente no sufría ningún trauma que la hiciera perder la memoria.

—Entiendo, ¿podría por favor, por lo menos intentarlo?

—«Por tanto, dejará el hombre a su padre y a su madre y se unirá a su esposa y serán una sola carne» Génesis 2:24.

—¿A qué se refiere usted con eso?

—¿Es usted un hombre creyente, doctor Harper?

—Lo soy, pero, ¿qué tiene que ver eso con...?

—Él también lo era. Después de haber compartido durante seis años los altibajos de la vida, decidimos casarnos y como muchas parejas que viven bajo el encanto del amor, creímos conocernos de forma detallada; creímos que nuestros sentimientos y pensamientos se habían mezclado en un solo ser. En verdad sentimos que habíamos personificado lo escrito en la Biblia.

Mi marido era mercader, seguro que eso lo sabe. Mientras que él trabajaba, a veces hasta una semana por fuera de la ciudad; yo, como cada mujer, debía hacerme cargo de nuestro recién nacido y de nuestro hogar. Sin quererlo, un día me topé con el diario en que él desde joven escribía. Al principio respeté su privacidad. Seguramente no habría nada allí que yo no supiera, hasta que una mañana, leí la primera página.

—¿Por qué violó usted la privacidad de su marido?

—Porque lo echaba de menos. No sabe usted lo vacía y sola que se siente una mujer cuando su marido se va a trabajar, a veces durante días. En ese tipo de soledad, tanto los latidos del corazón como los pensamientos más íntimos se escuchan con más fuerza.

—¿Y qué esperaba saber sobre su marido?

—Doctor Harper, no leí su diario para buscar secretos, sino para sentirlo más cerca. En fin, su pensamiento juvenil y la forma en que describía cada situación me cautivaron tanto que no pude parar; con la excepción de cuando leí sobre sus exnovias.

—¿Sintió celos?

—Un poco. Por eso me salté aquellas partes. Era innecesario molestarme por cosas del pasado, pero también sentí rabia, porque durante toda mi vida solo tuve un hombre. Pensé que él no estaba tan comprometido conmigo como yo lo estaba con él.

—¿Cuál de los dos sentimientos fue más fuerte?

—Si he de describir algún sentimiento, debo entonces hablar sobre el más fuerte: desilusión. Que nunca me hablase de la forma en la que escribía, era como si me estuviera engañando; tenía una mejor relación con aquel libro que conmigo. Cada letra escrita de su mano, cada palabra y cada frase expresaban profundamente una complicidad que conmigo no existía.

—Entonces ¿tenía celos del diario?

—Tal vez fue así. Debe saber que quería que fuera uno conmigo en todos los sentidos. Entienda usted, doctor Harper, que me entregué a él en cuerpo y alma, mientras que él no.

—¿Y por qué lo sabe?

—Porque lo leí. Me di cuenta de que me ocultaba muchas cosas: ideas, fantasías, deseos. Que escondiera eso de mí, me hizo dudar de él.

—¿No cree usted que fue algo exagerado? Quiero decir, todos ocultamos algo por diferentes razones.

—Eso lo entendí muy tarde. En aquel entonces, decidí no leerlo más e intenté no molestarme, pues comprendí que él nunca me hablaría sobre las cosas que escribía. Al fin y al cabo, un hombre no se entrega como lo hace una mujer.

Más de una vez, sonreí en silencio al verlo llegar. Conocer sus sueños juveniles, sus deseos escondidos y sus fantasías, me hizo sentir una extraña felicidad. Sobre todo, me gustó la forma en la que me describía: cariñosa, bella y atenta; para él, era su todo. Aunque no lo compartió todo conmigo, nunca tuvo dudas sobre nosotros.

—¿Dejó entonces de tener dudas sobre él?

—Más bien dejé de compararnos. Sobre todo, cuando leí que era yo quien lo completaba.

No entendí por qué nunca dejó fluir aquella creatividad que demostraba en su diario. En esas páginas, un enorme talento para describir sus pensamientos y sentimientos se alzaba de tal forma que sentí que el hombre que vivía conmigo era distinto al que escribía.

—Entonces, no respetó su privacidad.

—No pude hacerlo. Quería saber más sobre aquel otro hombre y empecé a leer una página día por medio.

—¿Por qué en ese intervalo?

—Porque no quería acabar con mi libro favorito. A medida que lo leía, formaba una idea más completa sobre él: el hombre feliz y cariñoso que conocía, disimulaba a otro hombre profundo, misterioso y duro consigo mismo.

No sabe usted lo que se puede sentir al tener tanta información y poder sobre alguien. Su diario me ayudó a ser más perceptiva, pensé que de verdad podía leer su mente. Tenía la oportunidad de unir la vida visible y la escondida.

—¿No sintió remordimiento al usar a su marido para alcanzar su nueva meta?

—¿No es eso acaso lo que todos hacemos doctor? ¿usar a los demás?

—¿Cree usted que la estoy usando?

—Estoy segura de que de algo le sirve para sus estudios o experimentos hablar conmigo, al igual que a mí me sirve para desahogarme.

La paciente parece cuerda y habla de manera elocuente, aunque no deja de mover su pie derecho de un lado al otro, En señal de claro nerviosismo.

—¿Se detuvo a pensar en algún momento, que lo que hacía se le podía salir de las manos?

—Lo pensé un par de veces, pero créame doctor cuando le digo esto: ese poder es inigualable. Conocía la verdad sobre situaciones y personas, me sentí a pasos adelante de cualquiera que interactuara con él.

—Aún no me ha dicho algo, ¿no le molestaron las cosas negativas que escribió sobre usted?

—Al principio, pero después de examinarme me di cuenta de que tenía razón. Me sirvió haber leído aquellas cosas, pues mejoré. No por él, eso habría sido demasiado sencillo.

—¿Y a él no le pareció nada raro que cambiara esas cosas que nunca le dijo?

—No, pero ambos Arthur se alegraron por mi mejorado yo.

Después, me dediqué durante un largo tiempo a observarlo y a intentar predecir cada uno de sus actos y reacciones y ese doctor, fue el peor de mis errores.

—¿Por qué dice usted eso?

—Porque después de un tiempo, empecé a detestar su comportamiento, pues ya no había sorpresas. Había alcanzado un conocimiento muy extenso sobre él.

—¿Durante cuánto tiempo hizo usted aquello?

—Año y medio. Él siguió siendo natural, sin nada que afectase sus sentimientos hacia mí, mientras que yo, ya no solo cargaba con mi vida visible y oculta, sino también con las de él. Varias veces me sentí en un cuarto oscuro, en el cual mi yo completo y el de él estaban confinados de forma absoluta.

—Si sintió así, ¿por qué no dejó de leer el diario y de intentar predecir lo que su marido hacía?

—Doctor Harper, supongo que a usted también se le hace difícil cambiar una costumbre, sobre todo cuando esta le proporciona algo tan intenso.

—Sí, tiene usted razón, pero...

—Además, un sentimiento está condicionado, así como lo está un pensamiento. Dígame doctor ¿acaso usted no tiene miedo de estar aquí?

—No, señora Brooks, no tengo miedo.

—¿Y si yo no estuviera atada a esta silla?

—Entonces, supongo que sí.

—¿Ve cómo su miedo está condicionado? En fin, cuando me examiné de nuevo, me sentí miserable: empecé a sentir que mi cariño se corrompía.

—¿Por qué me ha hablado del condicionamiento?

—Porque sé que lo entiende y porque debido al cambio de condición, dejé de ser una simple ama de casa.

—¿En qué se convirtió?

—En algo parecido a lo que usted es. Cuando me di cuenta de la situación, ya no solo podía predecir su comportamiento, sino que empecé a cambiar mis reacciones y actos. Fui otra en el exterior para crear nuevas situaciones en su todo. Experimenté una transformación en mí. Ser su titiritera se convirtió en mi único placer. Quise alterar su ser, su mente, todo. Busqué moldearlo a mi antojo: para mí, él dejó de ser el padre de mi hijo y mi esposo.

—¿Dejó de quererlo?

—Lo que sentía por él se degeneró con el paso del tiempo. Ya no había rastro de aquello que creí íntegro. Me dejé consumir por aquel diario, que fue más mío que de él.

Así como usted ahora lo hace conmigo, en un cuadernillo, escribí como un profeta los posibles resultados de mi investigación. Comparé sus reacciones terrenales y las escritas por su puño con las que yo esperaba. Casi siempre acerté en los resultados.

—¿Estaba usted completamente consciente de lo que hacía?

—Lo estaba, hasta que un día me desesperé, pues sucedió algo inesperado: Arthur dejó de escribir. El hecho estuvo acompañado de un comportamiento desconocido: él apenas hablaba. Me pregunté cuál era la razón de aquel cambio repentino y con el papel de esposa dedicada, me acerqué a él y busqué la respuesta. Siempre respondió a mis preguntas, pero no pude cerciorarme de si lo que dijo era cierto o no, pues él ya no escribía.

En el cuerpo de la paciente se refleja lo que sintió con cada uno de sus recuerdos. Sigue moviendo su pie derecho de un lado al otro y araña la silla con sus uñas. Noto que le afectan sus recuerdos, sin importar si son positivas o negativas. En el segundo caso, no veo ninguna señal de remordimiento por lo que hizo.

Dígame, doctor, ¿qué hace usted cuando nada de lo que sabe le sirve para entender a un paciente?

—Profundizo más sobre él.

—Hablando con él, seguramente. Así como profundiza usted conmigo.

—Sí, así mismo.

—Pues póngase en mi situación. A diferencia de usted, yo no podía hablar con él, al menos no de forma directa como usted. Tuve que deducir desde los bordes del tema que quería profundizar, obviamente sin éxito.

—¿Por qué sonríe señora Brooks?

—Porque fue irónico doctor: todo el conocimiento que tenía sobre él no me sirvió de nada, pues del silencio se pueden interpretar muchas cosas.

—¿Qué hizo entonces?

—Nada. ¿qué podía hacer? Solo me quedó esperar y seguir acomodándome a su nuevo comportamiento.

Pasados los días, me habló como si nada hubiese pasado. Volvió a ser el mismo y yo no tuve la más mínima idea de lo que le había pasado. Dos semanas después de no haber tocado su diario, volvió a escribir.

—Y usted lo volvió a leer...

—Estoy segura de que usted tiene algún vicio. El mío era su diario. Sentí euforia con cada nueva hoja llena de palabras, pero lo primordial era seguir con el experimento que había iniciado. Así pues, anoté en mi cuadernillo mis profecías sobre él.

Pasó una semana y mi cuadernillo estaba lleno de mentiras. Lo que escribió en su diario se ceñía fielmente a lo que hacía: no había ninguna sorpresa. Algunos días no escribía nada y cuando lo hacía, describía a mujeres que veía en la calle y lo hermosas que le parecían. Sentí rabia, pero quería volver a sentirme poderosa, así como Dios se siente respecto a nosotros.

—¿Dios?

—¿De qué otra forma podía compararme? Al leer lo que escribía, era como si escuchara su voz susurrar cada palabra. Eran plegarias y preguntas que esperaban ser escuchadas por el ser que todo lo ve y sabe: en este caso yo; y así, como el todo poderoso, no respondí.

—¿Por qué se compara de esa forma?

—Porque por un tiempo fui omnipresente en la vida de mi marido.

La señora Brooks muestra un fuerte deseo de control, no solo sobre sí misma, sino sobre los demás, tanto así que, en más de una ocasión, por medio de sus frases y preguntas, intenta controlar mis reacciones y el proceso que sigo y de, por ende, mi comportamiento.

—¿Qué hizo entonces para volver a sentirse así?

—Dejar que los días pasaran. Solo así, cuando leyera su mente escrita, tal vez encontraría nuevos pensamientos. Una noche no pude dormir y decidí leer. Había cinco nuevas páginas. Las dos primeras estaban llenas de incongruencias y sentimientos pasados; me excité tanto que tuve que satisfacerme con su cuerpo.

La paciente mueve su cadera repetidamente, como queriendo reproducir el acto sexual, debido al recuerdo de lo que experimentó esa noche.

Nuestro sexo jamás había sido tan intenso. Después de aquella noche, me di cuenta de que hacer el amor de esa forma, era la verdadera comunicación entre nosotros. Combinamos todos los sentidos y el sentimiento que creímos trascendental en un solo acto: en verdad fuimos uno. Durante los días siguientes, nos seguimos comunicando de esa forma y el acto se fue intensificando cada vez más.

Mis profecías sobre él eran cada vez más exactas; pero un día, de nuevo, todo cambió. Era como si estuviera mutando, así como yo.

—¿Cuál fue la razón?

—Incluso ahora no lo sé. Fue imposible encontrar una respuesta. Dejé de dormir pensando en ello. Las noches se volvieron cada vez más largas. El sonido de su respiración me consumía, no entendía nada. Su diario repleto de nuevas hojas no me ayudó. Dejé de ser omnipresente en él.

—¿Qué fue lo que más le molestó?

—Su silencio, que estaba acompañado de un oscuro sentimiento reflejado en sus ojos; pero he de decir que, en verdad, lo que me irritó fue no saber por qué y de dónde provenía aquel nuevo Arthur.

Una noche, no llegó a dormir. Cogí su diario esperando responder mis dudas y leí tres de las cuatro nuevas páginas que había escrito. En la penúltima, escribió un poema. Lo leí varias veces. A mí nunca me había escrito algo así. Me desesperé y guardé su diario.

—¿Por qué la impacientó tanto?

—Porque era un bello poema sin nombre ni destinatario. No solo eran metáforas, era alguien y no entendí quién. Esa incógnita fue lo que me nubló por completo y por eso, esa madrugada, cuando por fin regresó, lo maté.

—En todo este tiempo que ha tenido para pensar ¿cuál cree que fue la razón que la llevó a hacerlo?

—Cualquiera diría que fueron celos, pero no fue así.

Doctor, debe entender que, durante un tiempo, de verdad sentí que lo conocí hasta el más mínimo detalle. Fui todo para él: mujer, amiga, amante, todo: incluso la parca.

—Le haré una última pregunta, tal vez la más personal de todas, ¿por qué se comió usted el cerebro y el corazón del señor Brooks?

—Estoy segura de que con todo lo que le he contado, usted llegará a la conclusión acertada.

Doctor Harper, espero que no haya olvidado nuestro acuerdo.

—No lo he olvidado, señora Brooks.

—Dígame entonces lo que leyó en la última página.

—Hay algo que debe saber: el diario de su marido hace parte de las evidencias, al igual que su cuadernillo. Por eso están guardados en la estación de policía. Sin embargo, a través de un amigo, pude tenerlos el tiempo necesario para leerlos, pues como usted seguro ya sabe, eso me ayudaría más con su caso; pero lamento decirle que la última página del diario de su marido, es el poema. Había una página más, pero fue destrozada y no tengo una explicación para ello.

Mentí. No solo leí el diario en su totalidad, sino que tengo una copia, al igual que de su cuadernillo. Si le hubiera dicho lo que está escrito en la última página del diario, estoy seguro de que perdería el avance alcanzado hasta ahora.

Yoluja

Macuira es un verdadero oasis en el desierto de la alta Guajira. No solo nos ofrece los recursos necesarios para la caza, pesca y ganadería, sino también una gran diversidad de plantas y árboles: la serranía es el regalo que recibimos por respetar la tierra en la que vivimos; y es también nuestra consejera, pues nos ayuda a entender nuestros sueños. Durante mucho tiempo, nuestro clan recurrió a ella para comprender la vida y prevalecer; pero solo hasta hace unos años, vinieron de su interior los espectros que atormentaron a nuestro pueblo.

La montaña se volvió desconocida para mí cuando tenía ocho años. Sus tres picos dieron vida a las sombras que ocultaban el origen de ruidos extraños y gritos que como un único eco se escuchaban por toda la serranía. Estaba prohibido internarse en ella, desde que el hijo del anciano mayor desapareciera sin dejar rastro alguno; pero como a todos los jóvenes, lo prohibido nos sedujo. Unos amigos y yo decidimos romper esa regla en busca de una nueva aventura. Los senderos donde había jugado horas atrás se convirtieron en caminos sombríos que auguraban un fatídico final. Los arbustos eran trampas y las ramas, que apacibles se movieron durante el día, arañaron mi piel buscando detenerme. Mis piernas, ya casi derrotadas, se movieron con la energía escondida en mi alma. Esa noche, Kashi me miró oculta tras las nubes. Regresé junto a mi familia gracias a su luz, que desterró aquellas oscuras nubes e iluminó el camino oculto. En mí aún retumban los gritos lejanos que trastornaron la serenidad de Macuira y se alzan los recuerdos ingratos de cuerpos despedazados. Esa noche, sentí que cada paso que daba era el último; y creí, más que nunca, en las historias que los ancianos contaron a la luz de la fogata. Un fuerte abrazo de mi madre selló el reencuentro después de haber estado perdido. Tuve la certeza de que me salvé por una intervención divina: los demás no tuvieron la misma fortuna. Mi desasosiego aumentó cuando mi hermano, quien había salido a buscarme, hizo crecer el número de desaparecidos en nuestro clan.

Mi alma estaba presa en el mundo de los sueños, cuando Kai se paseaba por el cielo calentando el desierto. Durante mi visita, divisé a pequeños hombres Wayúu que atraían a quienes se cruzaban en su camino silbando bellas melodías. Sus presas, ya desorientadas, se perdían en lo espeso y recóndito de Macuira para luego ser devoradas. Sus restos se ocultaban en la tierra con la ayuda de la lluvia. Ese día me levanté cuando Kashi de nuevo se había posado sobre nosotros y al darme cuenta de que la noche era tan oscura como mi sueño, supe que sufriríamos aún más.

Mi padre era el Putchipu del clan: El Ipuana. No había ninguna decisión que no pasara por sus manos. Algunas veces, su palabra era la última en pronunciarse. Era considerado un hombre prestigioso entre los clanes y también un mediador imparcial, gran conocedor del sistema por el cual nos regimos. Tenía tres esposas y de sus siete hijos, cuatro permanecíamos con vida; pues los mayores decidieron enfrentar la realidad mostrada en nuestro sueño colectivo. Cuando fueron encontrados, les dieron el título de héroes, porque dar la vida por el pueblo es considerado un sacrificio que otorga un lugar sagrado en Mma, la tierra en la que vivimos desde el inicio del tiempo. Sus tumbas fueron marcadas con el tótem del clan: un halcón hecho de piedra.

La mayoría de los Ipuanas teníamos miedo. Eran ya doce los desaparecidos en dos meses; algunos fueron encontrados en las cercanías o el interior del bosque, otros se fueron para siempre. No entendíamos por qué Macuira nos trataba así. Pensamos que nuestros actos habían enfadado a Maleiwa, nuestro creador y que por eso había dejado de cuidarnos y protegernos de Yoluja: el diablo. Esa fue la única respuesta a la repentina crueldad.

En la ranchería principal, alrededor de una fogata que ardía para calentarnos e iluminar nuestros rostros, los ancianos repetían las historias que en su juventud una vez escucharon, sobre seres increíbles que vivían escondidos en los ríos, mares, desiertos y bosques. Con la ayuda de esas historias, quisimos entender lo que estaba sucediendo y lo que se nos mostraba en sueños. Cuando creímos tener una explicación, hicimos lo que estaba a nuestro alcance para recuperar la armonía perdida.

En las noches, las chozas permanecían iluminadas con antorchas y custodiadas por perros para alejar a los duendes, a quienes creíamos responsables de lo que pasaba. Solo así, podíamos dormir tranquilos. Evitamos ir a la serranía cuando Kai no estuviera en el cielo para protegernos, ni tampoco nos adentrábamos en su espesura.

El tiempo pasó entre cantos, ritos y suplicas, imploramos el perdón de Maleiwa y el cese de las desapariciones; pero nada cambió. Por esa razón, el clan entero se reunió para decidir sobre el porvenir de nuestras familias. Algunos, acechados por el miedo, opinaron que dejar nuestra tierra era la única forma de sobrevivir ante el desamparo de Maleiwa. Otros preferían morir, pues Macuira fue nuestro hogar durante muchas generaciones. Los ancianos y el Putchipu, tenían la última palabra para decidir el futuro del clan. Su decisión: quedarnos.

Cada vez que por alguna razón nos internábamos en la serranía, alguien desaparecía. Salir a buscar lo que fuera, era algo arriesgado y no todos estaban dispuestos a hacerlo. Así pues, la comida empezó a escasear. Por esa razón, nos vimos obligados a actuar. Se decidió que un grupo integrado por los mejores exploradores buscarían comida y luego a los desaparecidos. No importaba si estaban muertos, lo importante era poder realizar los rituales familiares y velarlos en la ranchería hasta su viaje definitivo hacia Jepirá. Los días se volvieron semanas, pero nadie regresó.

El miedo era más crudo y latente, los viejos relatos eran reales. Nos vimos obligados a cuidar lo que teníamos y a organizar grupos de pesca, pues era la actividad menos arriesgada. Cuando salíamos a pescar, nos separábamos cien metros uno del otro, hasta que solo dos llegaban al cauce del río. Los demás servían como vigías para avisar de cualquier peligro. Hicimos uso de la experiencia de nuestros ancianos para prevalecer a esa oscura época, sin dejar a un lado lo que desde tiempos inmemoriales hemos hecho: tejer y cultivar la hoja de coca, que nos ayuda a combatir el frio y el hambre. La mascamos despacio mientras tejemos nuestras ropas, usando las enseñanzas que la araña Wareke nos trasmitió.

Después de muchos soles, un segundo consejo se llevó a cabo para decidir de nuevo el futuro del clan. Como era de esperarse, la mayoría de ancianos y mi padre decidieron que nos quedaríamos. Se decidió que lucharíamos contra los peligros que Yoluja había puesto en nuestro destino, así le demostraríamos a Maleiwa que éramos dignos de su cuidado.

Los diez guerreros más fuertes y valientes fueron marcados con nuestro tótem y guiados por mi padre, se internaron en lo profundo de Macuira antes de que Kashi apareciera. Ese día le imploré a mi padre que me dejase ir con él, pues ya no tenía miedo y quería contribuir en aquel arriesgado acto, pero me pidió que me quedara. Sin embargo, no le hice caso y seguí sus huellas.

Los picos parecían tres colosos que observaban atentos nuestros actos; ellos sabían lo que pasaba, pero permanecieron en silencio observando nuestro dolor. En la lejanía, una luz resplandeció entre las sombras. Pensé que se trataba del Fuego Fatuo, un viejo mito que los ancianos contaban, pero no fue así. Vi como todos los guerreros retrocedieron unos pasos para evitarlo; pero mi padre, al darse cuenta de que no se trataba de dicho espíritu, se acercó al fuego y los demás lo siguieron. Trepé un gran árbol desde donde observé cada detalle, hasta que el fuego desapareció y seguido, unos truenos se escucharon por las montañas. Luego, un silencio fugaz pero intenso acabó con los gritos y ruidos, que lentamente fueron reemplazados por los temerosos pasos de alguien corriendo a través del bosque. Un trueno más se escuchó y los pasos cesaron. No entendí lo que sucedía hasta que escuché las voces de hombres vestidos como la montaña que hablaban entre sí, se adentraron en Macuira y cuando se alejaron de mi vista, bajé de mi alto escondite. Los cuerpos de los guerreros, marcados con extrañas mordeduras, yacían en el suelo. Busqué a mi padre, pero no lo encontré. Esta vez Kai iluminaba mi camino. El abrazo a mi madre marcó de nuevo mi regreso. Quise alertar a mi pueblo sobre lo que había visto; pero fue demasiado tarde: mis pasos señalaron la ruta que aquellos falsos espectros siguieron.

Pronto, tuvimos que dejar nuestra tierra. Muchos de los espíritus Wayuu han sido condenados a una vida errante, sin un segundo entierro que cierre su ciclo. Nosotros seguimos luchando, esperando el sueño sagrado que nos muestre cómo liberarnos de estas cadenas invisibles. Hoy más que nunca nos aferramos a Maleiwa pues, en este nuevo mundo, nadie más podrá ayudarnos a recuperar la vida ancestral que ahora es un recuerdo.

Antonio Mena O'meara

Schadenfreude

"El silencio es el lenguaje de Dios,
todo lo demás es una pobre traducción".
Jalaluddin Rumi

Mis dones vienen del que todo lo puede. Soy materia, soy esencia, soy lo que Él me dejó ser. Llevarlo en mí me dio libertad. Su inmensurable pureza recorrió mi cuerpo cambiante y dejó rastros de su poder: soy una muy pequeña extensión limitada de él, uno de sus hijos invisibles que vivió para servirle.

Del universo, el mundo es su creación preferida. El caos en forma de orden y el orden en forma de caos son el día a día en esta gran vida compuesta por otras. Con su pensamiento creó todas y cada una de las cosas que en la superficie habitan: el aire, el fuego, el agua, la tierra, piedras, flores, plantas, árboles, insectos, animales y hombres. A estos últimos les otorgó los dones del entendimiento y del sentir: esa combinación es la que produce tantas situaciones impredecibles en la faz de la tierra. Fue mi tarea, al igual que la de los como yo, la de guiar al hombre, sin interceder de forma directa y sin cruzar la línea que entre ellos y nosotros existe. Algunas veces pensé que el hombre y todo lo que lo rodea no eran más que un experimento creado al azar por Él, esperando un resultado que lo asombrara.

Cada vida, mezclada con otra, es como una obra de teatro; Él es el sigiloso director y observa atento, pero nunca interviene para cambiar el guion o los actos. Se queda en silencio en lo más oculto del palco, se divierte, se preocupa, pero nunca interviene directamente. No importa con qué nombre se dirijan a Él, desde qué religión sea aclamado o en qué situaciones busquen su ayuda o misericordia, Él responde siempre a través de nosotros. Mi tarea estaba relacionada con todos los asuntos de la vida del hombre. Yo era pues, un mensajero y un limitado protector.

En el año 395, Eliseo del Rojo, hijo de Juan, hijo de Joel, hijo de Isaac de Perea, se casó con Irene y tuvieron trece hijos. Su familia se dedicó al pastoreo y crianza de cabras y otros animales. Lo llevaban en las venas, no imaginaban su vida de otra forma. Vivían en lo recóndito de una sierra ubicada a varios días a pie del mar Rojo. Eliseo quiso alejarse del mundo para evitar las tentaciones de una era en la que los gobernantes de las ciudades más importantes miraban con recelo a quienes vivían libres, bajo el manto del todopoderoso. Por eso iba muy de vez en cuando a alguna ciudad o pueblo, y cuando lo hacía, era solo con el objetivo de vender y comprar lo que necesitaban.

Eliseo no conoció a sus padres. Su madre murió durante el parto y su padre cuando él apenas tenía dos años. Sus hermanos mayores lo dejaron con una pareja de ancianos que vivían lejos de los pueblos y ciudades porque sus propios hermanos no quisieron ocuparse de él. De los viejos, Eliseo aprendió a respetar y cultivar la tierra y a estar en paz con los animales. No solo era un buen pastor, hijo y padre: también era un buen hombre.

Cuando sus padres adoptivos murieron, Eliseo vendió la pequeña granja donde creció y se fue en busca de tierras más lejanas, ya que el pueblo que estaba cerca se extendía rápidamente. No pasaba ni un solo día sin que Eliseo y su familia agradecieran en sus oraciones y, bajo lo que ellos creían que era la atenta mirada divina, obraran de forma correcta, siguiendo cada una de las palabras y enseñanzas sagradas que en esos tiempos ya circulaban.

Cuando todo trascurría con normalidad, en pleno campo, mientras llevaba unas cabras de vuelta a la granja, Agustín, el hijo mayor de Eliseo, cayó enfermo. La serenidad de la noche se vio interrumpida por las voces de Eliseo y sus hijos mayores, quienes durante varias horas lo buscaron. Quise interceder cuando aún había tiempo, pero el pensamiento del todopoderoso me obligó a observar. Horas de búsqueda terminaron cuando su hermano Pedro lo encontró tan frío como una piedra en invierno. Era demasiado tarde, Agustín estaba muerto. Ninguno en la familia entendió aquella muerte tan inesperada, sobre todo porque él nunca mostró síntoma de alguna enfermedad.

La ausencia de Agustín se notó en cada lugar de la granja, pues era él quien más ayudaba en las tareas diarias. Una tristeza enorme se apoderó de Eliseo e Irene; perder a su primer hijo varón fue un golpe difícil, pero en su fe hallaron el alivio necesario para seguir adelante.

Los años pasaron y con ellos llegaron los nietos. Dorotea, Elena y Miguel se habían casado; el hogar había crecido y, así pues, el trabajo. Eliseo había expandido sus tierras y multiplicado sus animales años atrás, para asegurarse de que sus hijos tuvieran algo con qué empezar una familia. Cuando el tiempo llegó, repartió parte de sus pertenencias entre sus hijos ya casados.

Años más tarde, la segunda Irene, pues la primera de las Irenes había muerto semanas después de nacer, se enfermó cuando tenía quince años. La familia entera rezó unida, Eliseo hizo ofrendas esperando que la salud de su hija mejorara, y siendo yo el ser que los protegía, me acerqué a la joven extendiendo mi invisible mano sobre ella, quien desde su cercanía a la muerte me observó y sonrió, pero justo cuando quise aliviarla, Él envió a otro como yo con la tarea de llevársela. No había nada qué entender para la familia de Eliseo, el omnipotente quiso actuar así y así debieron aceptar.

Las muertes de Agustín e Irene ensombrecieron el paisaje que se alzaba en la serranía. Aunque el sol brillaba y las cosechas pintaban de verde el horizonte, Eliseo cargaba una tristeza que no lo dejaba estar en paz. Sin embargo, nunca dejó de dar las gracias con su mirada puesta al cielo por cada día de su vida.

En el año 415, la tierra tembló durante treinta segundos. No hubo ninguna calamidad en la granja de Eliseo, pero tiempo después, se notó algo muy extraño en todas las tierras de los alrededores: nadie podía sembrar, la tierra estaba muerta. Todas las cosechas de Eliseo se perdieron, ni siquiera el pasto crecía y muchas familias se quedaron sin nada. En los pueblos y ciudades, se desató la violencia y los delitos aumentaron. Eliseo fue precavido: tiempo atrás había guardado alimentos en un pequeño granero subterráneo, suficientes para iniciar un viaje en búsqueda de nuevas tierras.

Una mañana, sus tres hijos mayores partieron con sus familias para establecerse cerca del mar Rojo, esperando que allí la tierra siguiera con vida. Eliseo los acompañó hasta cierto punto, pues no había nadie en los alrededores que, como él, conociera esos caminos. La idea de sus hijos era buscar una nueva tierra alejada de los pueblos en donde pudieran nuevamente dedicarse a cosechar y pastorear. Cuando Eliseo regresó en la noche a su granja, la imagen de los cuerpos sin vida de sus hijas e hijos, lo esperaba para hundirlo en el desconsuelo más amargo. «¡Irene!», gritó tres veces, hasta que su amada salió de entre los escombros junto con Eliseo y Juvenal, sus hijos más pequeños. Los demás habían sido asesinados. Intenté que los infames saqueadores se alejaran de allí, pero la palabra de Dios hecha pensamiento me ordenó resguardar la comida que estaba escondida. No sé si el creador da espacio para la privacidad en nuestra mente, si no lo hace, supo entonces que mis intenciones no eran otras que ayudar a la familia de Eliseo. Por primera vez sentí un extraño vacío en una parte de mí y no entendí como Él pudo tomar esa decisión y dejar que ocurriera esa masacre.

Después de haber enterrado a su familia en la tierra también muerta, Eliseo emprendió el más triste de sus viajes. Irónicamente, tenía tantos alimentos que podría sobrevivir durante meses, deteniéndose esporádicamente para probar la calidad tierra. Así pues, durante año y medio, viajó cruzando ciudades y pueblos. Cansado de observarlos vagar, pues Él los guiaba por tierras inertes, le dije a Eliseo en sueños a donde ir para empezar de nuevo.

Los árboles eran tan altos, que apenas se podían ver las montañas que al fondo se mostraban imponentes. Eliseo nunca antes había visto un lugar tan bello y lleno de naturaleza. Él y sus hijos, Juvenal y el joven Eliseo, construyeron una casa con la resistente madera que consiguieron de los alrededores, sembraron las semillas restantes de su viaje y se dedicaron al pastoreo con los pocos animales que compraron durante su travesía. La vida estaba floreciendo nuevamente en su hogar. Años después, Juvenal se casó con una mujer que conoció en sus viajes de compra y venta y con ella tuvo seis hijos.

Eliseo hijo murió en una riña en un pueblo cercano, pues había cedido a las tentaciones del vicio y la mentira. Lo apuñalaron por la espalda, un día en que bebió mucho vino y se enfrentó a la gente equivocada. Eliseo padre sintió una profunda vergüenza y una fuerte amargura por no poder haber hecho de su hijo un hombre mejor. Yo, por mi parte, permanecí como estatua invisible, me limité a observar y a escuchar las oraciones que ocultaron sus verdaderos sentimientos de desdicha y rabia. Noté el odio fortuito que sintieron en sus actos, gestos y palabras, pero siguieron siempre cuidándose los unos a los otros y agradeciéndole al creador, incluso cuando Él no había hecho nada.

Irene murió a los 96 años, en una noche de luna llena y Eliseo murió trabajando la tierra de la que Juvenal fue su posterior dueño. Al igual que a su padre, lo protegí hasta donde me fue permitido.

Una noche del año 446, me sentí miserable, pues desde la lejanía, vi como la tierra se le venía encima a él y a su familia. La fuerte lluvia y los truenos no los dejaron escuchar el alud que se despacio se formaba. Quise alertarlos, pero cuando me disponía a hacerlo, escuché por primera y única vez a Dios: «No» me dijo rotundamente con su voz proveniente de todos lados, pero me fue imposible observar, como lo había hecho durante tantos años, lo que la familia de Eliseo tenía que sufrir; en humano arrebato, me abalancé sobre David, el menor de todos, y lo cubrí para evitar que la ola de lodo se lo llevara. Cuando todo pasó, lo dejé en la puerta de una humilde casa donde vivían unos ancianos y ellos sin más, cuidaron de él.

David creció y rápidamente, como cumpliendo un rumbo maldito ya escrito en su interior, siguió los pasos ya ocultos de su abuelo. Al igual que él, David y todos sus sucesores sufrieron aquella celestial indiferencia a través del tiempo. Aunque deseé actuar, no pude hacer nada por ellos. Cada vez que sentía que debía actuar, el todopoderoso me hablaba a través de mis pensamientos y me obligaba a observar las tragedias que una a una acabó con el linaje de Eliseo. Me sentí hastiado con tanta sangre y dolor. Así pues, el 28 de diciembre del 1098, cuando la estirpe de Eliseo desapareció por completo, me alejé de mi creador.

Desde hace cientos de años me oculto de quienes son lo que yo era, pero a diferencia de ellos, cumplo realmente con mi tarea. Le susurro al hombre que se aleje del dueño de su fe para que evite desgracias y pérdidas; les digo que sus plegarias y confianza en Él no les darán frutos y que, si por casualidad los reciben, serán de una u otra forma cobrados con sangre. Quiero protegerlos del silencio divino y de esa cruel indiferencia, pues Él solo se aprovecha de su omnipresencia para observarlos atentamente, pero nunca responde a sus llamados de auxilio, nunca. Algunas veces, quienes tienen el don de oírme y de verme, sienten que soy un ser demoniaco que intenta robarles el alma, pues les atemoriza la serenidad de mi presencia, y cuando me hago material para que crean en mis palabras, me malentienden. Ya están acostumbrados a no escuchar respuestas y a sentirse incapaces de alcanzar a Dios con sus sentidos: quieren vivir con una fe ciega.

Desde las tinieblas del tiempo, soy eterno porque Él así lo quiso. Quizá Él, conociendo mi esencia, desde un principio me eligió, sabiendo que yo me alejaría de Él, para que, desde las sombras, intentara cambiar el rumbo del hombre.

Fermata de un silencio

*"La música expresa todo aquello que no puede decirse con
palabras y lo que no puede permanecer en silencio".*
Victor Hugo

La música es, sin duda alguna, la esencia de mi vida. En mi
familia nadie fue músico. Sin embargo, el inmenso amor que siento
por el arte más bello de todos viene de mi padre, quien me
transmitió su sentimiento a través de las canciones que escuchaba
en su salón. Su más preciado tesoro material permanecía guardado
como si de una maravilla universal se tratara: su colección de
vinilos. No dejaba que nadie los tocara, pues según él, nadie
entendía el valor que juntos tenían; pero cuando él no estaba en
casa, yo entraba en su salón y los miraba uno a uno. Leí también las
muchas notas en las que describía cada uno de sus vinilos y lo que
sentía al escucharlos.

Mi madre murió el día de mi nacimiento, por lo que crecí bajo el
taciturno ambiente de mi padre. Sus pocas palabras eran para mí
como una combinación de notas jamás escuchada y por eso las
aprecié sobre cualquier otra cosa. Mi padre fue un hombre sensato,
responsable y misterioso. Con él no existían las comunes
conversaciones entre padre e hijo, pero en su mirada vi las muchas
cosas que no me dijo. Fue con él con quien aprendí que las miradas
y los gestos podían decir mucho más de lo que se cree.

Aunque muchas veces le pregunté por mi madre, él apenas me
respondió. Tuve que buscar por mi cuenta las viejas fotos que
permanecían escondidas en una maleta junto a su colección de
discos. Sus respuestas se repetían cada vez que en mí surgía una
duda. Sobre mi madre solía decir: «Tu madre era tan bella en su
interior y en su exterior, que el significado de las palabras no es
suficiente para describirla». Esa fue tal vez la más cálida frase que

mi padre pronunció delante de mí. Y aunque nunca me lo dijo, sabía que me quería, porque sus actos contradecían el largo silencio que conmigo tuvo.

Mi enorme fascinación por la música nació debido al rito diario de mi padre. Cada noche escuchaba sus discos durante horas. Dejaba todas las puertas de la casa abiertas para que la música se escuchara en cada rincón. Ese era el único momento en el que yo podía irrumpir en su privado mundo y formar parte de él. Cada vez que entraba, me sentaba en su regazo. Así, nuestro silencioso vínculo se hacía cada vez más fuerte con cada nota que juntos escuchábamos. Muchas veces, acariciaba mi cabeza siguiendo el ritmo de la armonía.

A los cinco años, empecé a tomar clases de piano. Mi dedicación y talento fueron dignas del orgullo de mi padre. Tanto así que un día, después de regresar junto a él de una de las clases, me sorprendió con un enorme piano de cola. A mi edad, lo normal hubiera sido salir a jugar con mis compañeros de escuela, pero no para mí: estar alejado de mi piano me intranquilizaba; echaba de menos tocar sus teclas y presionar su pedal para crear algún sonido. Todos los días practicaba lo aprendido en la escuela y cuando me sentí seguro de mi talento, me propuse tocar las obras favoritas de los compositores que a mi padre más le gustaban: Chopin y Debussy.

Cada vez que escuchaba música con mi padre, hallaba diferentes sonidos que me ayudaban a descubrir mis emociones. Mi pasión por la música era tal que no hubo un día en el que de mí no brotaran notas. Cuando cumplí los veintitrés años, ya dominaba cuatro instrumentos: el piano, la guitarra, el violín y el contrabajo.

Mi padre murió de fiebre amarilla poco después de que yo cumpliera los veinticinco años. Lo único que tranquilizó sus meses de enfermedad, fue escuchar la música que tanto amó. Nunca sentí tanta tristeza como el día en que lo hallé sin vida. Lo abracé queriendo detener su viaje. Intensas emociones ardieron en mi interior. Toqué entonces una sonata que compuse años atrás y que ya había tocado para él indirectamente, pero mis dedos vacilantes fueron presa del dolor y me vi cubierto en lágrimas. A su funeral asistieron unas cuantas personas a las que yo no conocía. En su lecho de muerte, me susurró su último deseo: que cuando su cuerpo estuviera ya bajo la tierra, sonase "El trino del Diablo" la sonata compuesta por Giuseppe Tartini, más exactamente, el movimiento "Andante". Mi padre se hubiera puesto furioso si hubiese escuchado los insignificantes, pero, al fin y al cabo, errores cometidos por el intérprete.

El silencio en mi hogar siguió teniendo la misma intensidad: fue el mismo que existió desde que tengo conciencia. Sin embargo, en la ausencia de mi padre, se me hizo insoportable. No volví a escuchar sus vinilos, quise dejar su colección tal y como él la dejó.

Cuando empecé a componer, el único sonido que se escuchaba, era el de mis instrumentos. No heredé el orden de mi padre. La casa entera estaba llena de partituras. Componía lo que mi corazón me dictaba. De mi pecho nació una armónica tristeza que no contuve. Las notas, melodías y tempos brotaban como si fuera el inicio de un rio en el que el agua no paraba de fluir. No importaba qué estuviera haciendo ni con quien: mi espíritu musical no se detuvo. No hubo nada que yo pudiera hacer, solo rendirme ante él. Quise hablar con el mundo a través de la música. Seguí todos y cada uno de los parámetros teóricos. Mi única intención era ser un constructor musical, recordar a través de los sonidos a mi padre y ser recordado. Alimentado por el pasado, compuse diversas melodías que formaron parte de mi obra: era como mi vida misma.

Casi un año más tarde, presenté mi obra sinfónica a los eruditos musicales de San Petersburgo. Después de tres meses de sólidos y profundos estudios, la obra "Mi creador" fue seleccionada como tercer acto. Un año después, la filarmónica de la ciudad la interpretó en "La noche de los ángeles". Fueron los cuarenta y cinco minutos más felices de mi vida. Esa noche deseé que mi padre hubiese podido escuchar lo que escribí por y para él. Desde el día siguiente no paré de componer. Allegros, Adagios y Andantes se paseaban sin tregua por mi mente; pero en las noches, lloraba la tristeza con nombres propios que me envenenaba.

La soledad de mi hogar empezó a ser más notable que las melodías que compuse. Los largos silencios hicieron que ansiara a la única persona que un día me acompañó. Me intoxiqué con el tiempo que no viví con mi padre, pero también con el que sí. Sentí una angustia espiritual que de a poco carcomió mi creatividad y anuló mi inventiva. Me enfurecí. Por primera vez en años tuve que dejar de pensar en música. Mi rabia surgió de la incapacidad para crear. Consumido por el demonio de la ira, rompí los cientos de escritos y partituras sin terminar. Fue al ver las ideas muertas y acumuladas como en una fosa común cuando comprendí que debía cambiar algo para recuperar el camino creativo. Inicié entonces una nueva costumbre para refrescar mis ideas. Cada día salí a pasear por los jardines de la ciudad buscando recuperar mi don.

Semanas después de emprender mi búsqueda, una brillante mañana de verano, al caminar por los jardines del Palacio Pavlovsk vi a una bella dama. Desde la distancia, la observé como un niño que contempla la inmensa luna. Su largo cabello oscuro, sus carnosos labios pintados de rojo, sus ojos de color verde marino y su celestial sonrisa hicieron que la música fluyera de nuevo en mi mente, en mi corazón y en mi ser. Ella, con tan solo su presencia, expulsó de mí el demonio que me alejaba de mi creatividad. Seguí a la desconocida mujer que caminaba junto con otra señora y la vi entrar a una inmensa casa, hogar seguramente de un respetado hombre de San Petersburgo.

Llegué a mi casa y recogí todas y cada una de las partituras que yacían muertas desde hacía un largo tiempo en el suelo: tenía que hacer espacio para nuevas ideas. Fui al salón, donde compuse toda mi música, y empecé a escribir las notas que mi corazón palpitaba. Estaba decidido a plasmar mi esencia y mi sentimiento, y usé su rostro y sus perfectos detalles naturales para encender la llama de mi imaginación. Decreté que mi nueva sinfonía tendría que llevar el nombre de la anónima mujer.

Todos los días paseé por los jardines del palacio esperando verla, pero no hubo un patrón en sus paseos. Deduje que era una mujer espontánea, no solo porque no tenía un ritmo fijo en sus visitas al jardín, sino también porque parecía una niña alegre persiguiendo a una mariposa entre la multitud. Después de varios meses observándola, decidí seguirla para saber más sobre ella. Quise presentarme para conocerla directamente, pero no lo hice, pues podría alterar su forma de ser y no la vería tan natural, así que la seguí durante todo el día. Cuando escuché por primera vez su suave voz, también escuché su nombre: Ivka. En mi vida, un par de veces creí haber estado enamorado, pero fue con ella, cuando en verdad sentí lo que es el verdadero amor. No solo porque su belleza física me había fascinado, sino porque había algo divino en su ser que me llenaba de incógnitas. Durante horas, su risa fue la única melodía que me acompañó mientras la observaba. La música en sus pasos, su mirada, sus gestos, su cabello y su rostro, despertaron en mí una pasión que casi me hace estallar de emoción en mi escondite. La seguí en su regreso a casa, pues quería más de lo que ella, sin saberlo, me había dado. Ya estando en su hogar, la perdí de vista. Acurrucado, escondiéndome de todo, la busqué con mi mirada sin tener suerte. Miré al cielo y me deleité con el arte que el sol pintó en él: bellos colores y formas se habían posado sobre mí para finalizar aquella inigualable tarde. Me levanté y caminé en dirección al jardín trasero para salir sin ser visto y fue allí cuando volví a ver a la musa dueña de mi ritmo. El atardecer había sido la antesala de la verdadera obra de arte que la naturaleza preparó para mí. La delicadeza con la que se quitó cada prenda, el bello color de su piel, las curvas de su cuerpo y toda su figura eran inefables. Sentí la suavidad de su piel desnuda desde la distancia y las caricias de su cabello suelto enredado en su pecho. Había presenciado la sensualidad hecha mujer. Mis ojos no querían ver nada más que a ella y en mi interior, no deseé nada más que estar a su lado.

La noche llegó y con ella mi regreso a casa fue más fácil. Caminé por el jardín como una sombra que sigue la luz de un recuerdo. Mi corazón cambió de ritmo, los silencios eran cortos y en mi rostro, una plácida sonrisa enmarcaba mi renovada alma. Al llegar a mi hogar, mi creatividad se desencadenó como un ave libre y mi música voló lejos buscando su fuente. En pleno éxtasis, alguien llamó a la puerta de mi casa. No reconocí el rústico sonido, pues muy pocas veces recibí una visita. El burdo llamado me desconcentró y me vi obligado a interrumpir el estado puro en el que me encontraba. Me levanté y caminé entre las hojas de papel. Al abrir la puerta, un hombre no tan viejo comenzó a ofenderme. Me sorprendí por aquel extraño espectáculo. Sin embargo, no le presté atención. Fue al decirme: «¡Pervertido!» cuando creí saber de quién podía tratarse. Quise cerrar la puerta, pero el hombre interpuso su pie y me empujó al interior de la casa. Él, al darse cuenta de que yo sabía de lo que hablaba, se enfureció y sacó una daga. Sentí miedo; no por morir, pues a todos nos llega el momento, sino por no poder terminar mi obra. Aquel corpulento hombre, entró, cerró la puerta y me persiguió por el pasillo. Cuando llegué al salón para esconderme, escuché un fuerte sonido. Me quedé escondido deseando que aquel hombre se fuera para poder seguir creando. Minutos después, el silencio se presentó de nuevo en mi casa. Salí de mi escondite y vi al hombre muerto sobre las hojas que yacían en el largo pasillo. Se había resbalado y al caer, el hierro de su daga había atravesada su cuerpo. La sangre manchó mis partituras. Ellas me protegieron y me dieron la oportunidad de culminar mi obra. Ya no había nada que perturbara mi concentración y seguí escribiendo cada nota que me susurró el deseo que ardió en mí.

Me faltaba poco para terminar y de nuevo todo se puso en mi contra: mi pluma estaba seca. Busqué tinta por doquier en mi casa, pero no tenía ni tan solo una gota. Me desesperé, pues ansiaba escribir el sublime final que en mi menté se reprodujo. De pronto, recordé el cuerpo sin vida que yacía en el pasillo y busqué una pluma en sus bolsillos, pero no encontré nada. Derrotado, me senté junto al cadáver. Tendría que esperar hasta la mañana siguiente para escribir el deseado final. Entonces, me di cuenta de que junto a mí estaba la perversa solución a mi contratiempo: usé la sangre de aquel hombre y la vieja pluma de mi padre para escribir el final.

Al haber saciado mi deseo creativo, el estado de éxtasis en el que me encontraba desapareció y entonces entendí la gravedad de la situación. ¿Cómo explicar lo sucedido? Si lo hubiese intentado, nadie me creería, por eso metí el cuerpo en el inmenso maletín de mi viejo contrabajo y lo escondí en lo más oscuro del sótano de la casa.

Durante semanas, corregí la creación de la cual me sentía orgulloso. Tan pronto mi obra estuvo completa, la llevé a la academia musical donde sería revisada nota a nota. Salí de ahí a investigar quién era el hombre que ocupaba el estuche de mi contrabajo, pero en la ciudad ya no se habló de aquello, si es que alguna vez se hizo. Con el tiempo dejé de preguntarme quien era el hombre en mi sótano. Meses después recibí una carta que decía que mi obra sería interpretada por la filarmónica de San Petersburgo en la sala principal. Solo habría una función: La Ivka. Tan pronto leí la carta, salí corriendo en busca de la dama fuente de todas las notas de mi creación. El orgullo me hizo olvidar mi timidez, así que me le presenté y la invité al concierto sin siquiera decirle el nombre de la obra.

Después del evento, durante meses, visité a Ivka cada día para conocerla más. No pasó un día en el que por mi mente no corrieran las melodías que brotaban de su sonrisa. Escribí tantas sonatas como pude. La amé. No hubo nada que yo no le dijera: todos mis sentimientos y pensamientos habían sido parte de nuestras conversaciones. Con una excepción, quizá la más oscura de todas, pues supe con el tiempo que era su padre quien estaba en el sótano de mi casa.

El día de la presentación, cuando Ivka escuchó el título de la obra, me abrazó fuertemente. Esa misma noche, después de escuchar los aplausos del público, le pedí matrimonio.

¿Cómo decirle la verdad sobre su padre? Tendría que estar dispuesto a perderla y eso es algo que nunca contemplé.

Tuvimos un hijo: Vladímir. Cuando alcanzó los seis años, ya sentía pasión por la música. Muchos años pasaron hasta que, por la curiosidad de mi hijo, volví a escuchar los vinilos de mi padre. En el instante en el que Vladímir se sentó sobre mis piernas, entendí de verdad el silencio que nos unió a mi padre y a mí. El tercer día que escuchamos juntos uno de los discos de la colección, sucedió algo que nunca imaginé: encontré una nota de mi padre. Después de leerla caí arrodillado al suelo y entre lágrimas abracé a mi hijo. Mi padre, en muchos de los discos, había escondido notas en las que respondía a todas y cada una de las preguntas que le hice. Algunas de las respuestas me hirieron profundamente, pues eran verdades que no quería oír. Durante mucho tiempo, no entendí la fermata del silencio de mi padre y ahora, sin quererlo, guardo en el mío un secreto que jamás podré desvelar.

Antonio Mena O'meara

Lapsos sin voluntad

*"Muchas son las cosas que suceden, pero siempre hay una
predilecta. Todo sucede en un momento inesperado".*
Jairo A. Mena P.

La puerta de la casa de quien se conoce como "La Sombra"
estaba abierta. Entré sigilosamente y observé todo a mi alrededor,
queriendo evitar cualquier peligro. No puedo negar que sentí un
miedo descomunal porque estaba lejos de mi hogar, solo, enfermo,
y en la casa de un desconocido sobre quien se decían muchas cosas
y en el que deposité toda mi confianza. Después de haber caminado
por un largo pasillo lleno de cuadros, llegué al único lugar al que
daba: una sala. Allí, la oscuridad y la luz parecían bailar sobre lo
que allí había: un sillón, una chimenea, un enorme reloj de
péndulo, una pequeña mesa y una cortina negra que cubría toda la
pared. Fui hasta la mesa que estaba cerca de la chimenea y me di
cuenta de que había una nota que tenía escrita la palabra
«Siéntese». Hice caso al mensaje y me senté en el cómodo sillón
que estaba a casi un metro de la chimenea. Miré hacia la izquierda y
vi una pintura oculta por la oscuridad. En ella, un hombre estaba de
espalda entre los arboles de un gran bosque. Luego miré a la
derecha, donde no había nada más que la cortina, que colgaba desde
el techo hasta rozar el suelo. El sillón estaba justo al frente del reloj
de péndulo, que no tenía manecillas ni números, solo un fondo
blanco.

Permanecí quieto y en silencio, observando cada cosa
detalladamente, esperando a que el afamado pero irreconocible
hombre se reuniera conmigo y me examinara, pero durante largas
horas no pasó nada. Fue tanta la espera, que sentí un leve cansancio
que me incitó a dormir.

—¿Cuál es su nombre? — escuché de repente. Era una voz profunda y grave que me despertó de mi ligero sueño. En ella, había una característica difícil de describir, era como si viniera de lejos, aunque se escuchaba en el cuarto.

—Eusebio Ferreira— respondí, al mismo tiempo que busqué con prudencia a quien habló.

—¿Por qué está aquí? —escuché decir a la voz sin fuente.

—Porque busco ayuda.

Después de responder, sentí una brisa que recorrió parte de la sala. Pensé que provenía del pasillo, pero mi pensamiento desapareció por el fuerte sonido del fuego crepitando en brasas; miré en dirección a la chimenea y vi una llama levantarse alto.

—¿Por qué está aquí? —preguntó de nuevo.

Pensé en mi respuesta, pues tal vez debía ser más específico. Estaba ahí porque escuché que aquel hombre había curado a muchos enfermos y porque me aferraba a la vida.

—Porque quiero vivir y usted es mi última esperanza.

Cuando respondí, me di cuenta de que había dicho la verdad. Desde que supe que estaba enfermo, me dije a mí mismo que quería vivir por otras razones: el amor, la familia o amigos. Incluso creí que era por todo aquello combinado, cuando en verdad era solo por mí: era como si me diera vergüenza aceptarlo públicamente. Fue al entender aquello cuando escuché el sonido producido por el brillante péndulo del reloj. Dejé de escuchar el sonido que producía la hoguera, pues me concentré en el largo brazo del reloj que cortaba el aire con su movimiento.

—Quítese los zapatos—dijo la voz, que parecía estar más cerca.

Me los quité sin despegar la mirada del péndulo, que me había encantado con el suave y armónico movimiento con que marcaba el tiempo. Sentí todo a mi alrededor, mientras que la enorme esfera se balanceaba delicadamente.

—¿Cuál es su nombre? — nuevamente escuché la voz, que poco a poco se iba desvaneciendo.

—Eusebio Ferreira — respondí, pero esa vez con más seguridad, sabiendo en verdad lo que era y quería. Luego sentí que el suelo estaba húmedo, quise mirarlo, pero no pude. El frío pasó lentamente por mis tobillos y mis pantorrillas hasta llegar a mi estómago, donde finalmente desapareció.

—¿Por qué está aquí? —repitió la voz, casi desvanecida.

Me sentí lento, como sin fuerza ni aliento, y respondí con una débil voz, que solo se oyó en mis adentros, y allí mismo escuché: «Mire su tiempo». En el ya intenso cansancio, el movimiento del péndulo hizo que el blanco y vacío centro del reloj temblara y se hiciera borroso ante mis ojos. «Mire su tiempo», repitió la delicada voz que murió al mezclarse con los sonidos de la sala y entonces cerré mis ojos.

Cuando los abrí de nuevo, me vi en un inmenso bosque con árboles tan altos y frondosos, que ocultaron el horizonte. Sentí el frio húmedo en mis pies descalzos, y a su vez, el cálido sol que no encontraba la forma de iluminar el lugar donde yo estaba. Estar ahí me dio una sensación de paz y tranquilidad que tal vez hace mucho tiempo atrás sentí. El ambiente me ayudó a meditar, así que cerré mis ojos y pensé en mis vivencias: lo que dije, oculté, pensé, sentí e hice.

Después de haber visto los principales momentos de mi vida, escuché el sonido de varias ramas romperse bruscamente. Giré mi cabeza hacia la izquierda y abrí los ojos. En aquel momento, sentí como el calor desterraba al frío y vi el fuego de la chimenea levantarse aún más.

«Volveré cuando esté listo», dije en voz alta como si estuviera respondiendo a una pregunta que me hice en mi interior. Me puse los zapatos, me levanté y salí de la sala. Abrí la puerta de la casa y cuando quise cerrarla, se enganchó con algo y permaneció abierta. Al salir, vi entre los árboles a un hombre que esperaba a que la puerta se abriera, se acercó a mí y me preguntó:

—¿Qué le ha hecho?

—No lo sé— respondí.

Aquel hombre se exaltó por mi respuesta y no dejó de quejarse, ni de preguntarme si estaba seguro. Cuando se dio cuenta de que algo me sucedía, pues permanecí sin moverme, pensando y queriendo entender lo que pasó, me habló de nuevo.

—¡¿Está usted seguro?! — me gritó un par de veces, para después abalanzarse sobre mí y agarrarme con fuerza por la camisa. De nuevo gritó — ¡Dígame qué le ha hecho!

—Nada— le respondí.

Me soltó y caí al suelo. Nos miramos a los ojos reflejando lo que sentimos: él por su parte, el mismo miedo que sentí antes de entrar y yo el de creer que todo había sido en vano y que pronto moriría. Aquel hombre no dijo nada más y se dedicó a observar la casa, pues la puerta estaba abierta, esperando a que alguien entrara. Al observarlo, sentí que vivía de nuevo el momento antes de decidir entrar. Compartimos un extraño silencio hasta que se levantó. Solo se escucharon sus pasos hasta que cruzó la puerta. Quise decirle lo que había experimentado, pero no lo hice. Lo observé caminar por el pasillo, hasta que la oscuridad se lo tragó y mis ojos ya no lo vieron más. De repente, la puerta se cerró.

Era verdad, La Sombra no me había hecho nada, estaba igual de enfermo o quizá más. No sentí a nadie, solo al viento, el calor, el frío y el ambiente creado por el cuarto; tampoco vi nada más allá de lo que había en la sala. Después de pensar en lo que sucedió, me sentí confundido, pues no sabía si la voz que escuché fue la mía en mis pensamientos o si lo había soñado todo; pero de haber sido así ¿por qué me hice esas preguntas? Y acompañado de esa y otras dudas, regresé desilusionado a Lisboa.

Al llegar a mi hogar, mi mujer e hijos me abrazaron felices por volver a verme, pues José, el viejo amigo de mi padre, que antes me habló de La Sombra, les dijo que era posible que no volviera, sin decirles por qué. José, al saber que estaba enfermo de muerte, me contó el secreto de cómo se había recuperado sus dolencias. Me dijo que parte de lo que se hablaba sobre aquel misterioso hombre era cierto y no un mito, como muchos lo creyeron. También me dijo que quien decidiera visitar a la longeva sombra debía tener en cuenta que era posible no volver y que nadie sabe qué le sucede a los que no regresan, ni lo que hace para que los que regresan se sanen. Después de haberme contado aquello, le había insistido para que me dijera a donde tenía que ir. Él aceptó, pero antes de decirme la ubicación exacta de la casa, me advirtió: «No olvides que todo en la vida tiene un valor».

A medida que el tiempo pasaba, mi salud empeoraba y fui perdiendo el apetito. Cada noche tuve extraños sueños con lugares que nunca antes había visto y al despertarme de cada uno de ellos, no recordaba nada, a excepción de la sala en la que estuve, que siempre aparecía al final de cada uno. Lourdes, mi mujer, me acompañó en todo momento e hizo todo lo que estaba a su alcance para que mi salud mejorara: trajo curanderos de varias ciudades cercanas y a los mejores médicos de Portugal y España, pero nada sirvió.

La noche del 23 de noviembre de 1756 soñé que moría y desperté en medio de la oscuridad repitiendo una frase: «Estoy listo». Lourdes me preguntó repetidamente de qué forma había muerto, pues quería entender mi sueño, pero no pude responderle. Por más que me empeñé en describir mi sueño, no pude hacerlo, así como tampoco pude decir para qué estaba listo. Lo único que sabía era que debía ir a la casa de La Sombra. Ella, en su afán de ayudarme y creyendo que estaba listo para morir, decidió llevarme para cumplir mi último deseo.

Viajé con Lourdes en una carroza durante cinco días. Perdí el apetito en su totalidad. La hora de mi muerte estaba cerca: lo sabía. Cuando estábamos cerca de Cádiz, le rogué a mi mujer que me dejara ir solo, pues era algo que debía hacer por mí mismo. Cabalgué con mucha dificultad los últimos trayectos en solitario, hasta que por fin llegué a la casa. La puerta estaba cerrada. Debía esperar hasta que estuviera abierta sin forzarla: esa era una de las condiciones, como lo era también ir solo. Al llegar la noche, la puerta todavía no se había abierto. La luna inmensa brillaba en el cielo sin estrellas. La observé durante horas, pues me brindó la calma necesaria, hasta que me quedé dormido. Cuando desperté, la luna iluminaba la casa como si fuera un sagrado lugar. En ese instante, la puerta se abrió sin hacer ruido. Me levanté muy despacio y entré. Observé cada uno de los cuadros en el pasillo y curiosamente recordé los sueños que había tenido hasta entonces.

Entré a la sala y me senté en el sillón. Esperé escuchar la voz, pero nadie me habló, solo existía el ruido orquestado entre el péndulo y la chimenea. Me concentré en sus sonidos y por alguna razón, fijé mi mirada en el inmenso reloj. No solo observé el péndulo moviéndose, sino el reloj en su totalidad. Estaba poseído por la idea de su armónica vida y del incesante movimiento de su único brazo. Durante varios minutos, observé y escuché al reloj, hasta que el brusco sonido de la cortina abriéndose me distrajo. Aunque quise girar mi cabeza para mirar lo que pasaba, no pude. Mi mirada permaneció fija al reloj, haciendo que el resto se tornara borroso a mis ojos. Escuché unos pasos aproximarse y vi a alguien caminar desde las penumbras que la inmensa cortina ocultaba. Sabía que era una persona, no sé si se ocultaba en las tinieblas de la sala o si la oscuridad era el color de su cuerpo, pero sí me di cuenta de que tenía heridas y cicatrices en gran parte de su piel. El fuego de la chimenea se intensificó e hizo que las sombras de todo lo que se encontraba en la sala se movieran de un lado a otro, hasta que se concentraron en aquel ser. Cuando La Sombra se puso frente a mí, el fuego murió y el péndulo se detuvo. Lo supe, pues dejé de sentir calor y de escuchar el sonido del viento cortado por el péndulo. Él estiró su brazo hasta mi rostro, quise mirarlo, pero no pude, no era dueño de mi voluntad. Tocó mi boca con su palma y escuché dentro de mí una voz que dijo: «Extienda su tiempo» y como si de una orden se tratara, lo mordí: me comí un pedazo de su carne y sentí la sangre en mi boca y mastiqué la parte de él que me ofreció en lo íntimo de mi mente. Era consciente, no quería hacerlo, pero algo doblegó mi voluntad. El fuego volvió a nacer entre las cenizas y el péndulo recobró su vida. Él no gritó, ni se quejó, se giró y volvió tras la cortina, en donde difícilmente divisé lo que creo eran varios cuerpos tirados en el suelo. Luego escuché la cortina volver a rozar el suelo y cuando me tragué su carne, me desmayé.

Cuando por fin abrí mis ojos, vi la casa con la puerta cerrada. No sé cómo llegué allí, pero mi duda desapareció al ver la luna que brillaba sobre ella. Me levanté sin dificultad alguna, respiré el aire puro hasta llenar mis pulmones y no sentí ninguno de los dolores que me aquejaron durante tanto tiempo. Regresé al lugar donde Lourdes me esperaba y la abracé. Pensé que habían pasado solo unas horas, pero me equivoqué: regresé junto a ella tres noches después. Mi camino de vuelta a Lisboa se tiñó nuevamente de dudas, pero también de la certeza de que estaba curado.

He sufrido la partida de todos mis seres queridos. Noventa y cinco años tuvieron que pasar para que por fin volviera a tener el sueño de mi muerte, pero incluso después de todo este tiempo, no estoy listo para morir y creo que nunca lo estaré. Recuerdo como hace casi un siglo, muchos rumoraron sobre mi relación con La Sombra y algunos se atrevieron a preguntarme si en verdad existía. Aunque quise contar todo lo que recordaba con plenitud de detalles, no pude. El mandato de una voz interior así lo decretaba. Mi larga vida solo sirvió para aumentar la fama y las incógnitas que rodean al perdurable ser que, para mí, es más un juez que una sombra.

Antonio Mena O'meara

Un nombre, una sombra

"El amor es una condición en la que la felicidad de otra persona es esencial para tu propia felicidad".
Robert A. Heinlein

Para mis padres: José Antonio, Silveria, Jairo y Mercedes.

El recuerdo más claro que marca mi infancia, es el de caminar agarrado de la mano de mi abuelo por las calles de Ocaña: mi pueblo. Todos lo respetaban y, por ende, a mí también. Quienes notaban nuestra presencia nos saludaban con una sonrisa y una reverencia. Caminar a su lado me hacía sentir especial, no solo porque era yo el elegido para ser su acompañante, sino porque con él, algo en mí se despertaba, algo que nunca pude precisar o entender.

Crecí bajo las silenciosas enseñanzas de mis abuelos; pero sobre todo bajo las que mi abuelo me mostró. Nunca pronunció una palabra para corregir mis actos o enseñarme a decidir por mí mismo. A su lado, siempre existió una situación o un acto protagonizado por él, que se acoplaba a mis necesidades, como si todo estuviera orquestado para despejar mis dudas.

Durante muchos años, escuché con inusitada atención y autentico asombro las historias que después de cada cena nos contaba; su vida entera había estado llena de extraordinarios hechos y en casi todos había salido victorioso. Algunos ancianos de la época de mi infancia también contaban hazañas sobre él, basadas en hechos sucedidos muchos años atrás, en las que el tiempo no concordaba con la edad de mi abuelo. Por eso siempre supuse que eran exageraciones, como en cada historia fantástica que se cuenta.

Cuando mi abuelo murió, el pueblo entero fue a presentar sus respetos. Su funeral, al igual que su vida, estuvo acompañado de historias en las que muchos de los presentes habían sido testigos de sus honrados actos. Todos y cada uno de ellos, me miraban con un respeto expectante nacido del mismo que le profesaban a él. Quizás vieron que mi destino estaba marcado... Aquel día, una tristeza nació profundamente en mí: el hombre que me hizo sentir seguro durante tanto tiempo se había marchado para siempre, después de haber librado duras batallas contra el tiempo, la vida y las enfermedades que lo aquejaron en sus últimos años. Era el momento para seguir mi camino, cargado de incógnitas sin resolver sobre mi abuelo y la vida, desamparado al no estar bajo su gran sombra. Su cuerpo fue enterrado al lado de un enorme mirto: él mismo había seleccionado el lugar. Cuando me acerqué para despedirme, me di cuenta de que mi nombre estaba escrito en la lápida y un extraño sentimiento se apoderó de mí. Entonces, la historia de la vida de mi abuelo, se reprodujo ante mis ojos y una sensación misteriosa recorrió mi cuerpo, invadiéndome por completo. Aquella tarde, un enorme peso se cayó sobre mis hombros, un peso con el que inicié mi camino en solitario.

Los primeros días después de su muerte, la familia entera se congregó en la casa donde muchos de nosotros crecimos. El gran vacío que mi abuelo dejó nos unió todavía más. Tal vez fue ese su último acto, o su último deseo. Juntos intentamos encontrar consuelo, pero fue imposible. Su olor permaneció entre nosotros, como si estuviera oculto entre las flores del jardín, observándonos, cuidándonos. Algunas noches, escuchamos sus lentos y cansados pasos en los corredores de la casa y mi abuela salió más de una vez en busca de su compañero para ahuyentarlo y guiarlo hacia donde su alma debería estar. El último día que estuve en mi hogar, un particular susurro me inquietó y busqué su origen. Venia del viejo cuarto en el que dormí junto a mis abuelos; noté la huella de su cuerpo en la cama vacía y a su lado, el simbólico sombrero negro y uno de los trajes que solía usar. Tomé su sombrero y lo presioné contra mi pecho, deseando que saliera de él. Fue ese el único recuerdo material que guardé como un tesoro.

Con el paso de los años, sentí que nadie me había dicho la verdad sobre madurar y sobre lo que la vida en realidad trae consigo. Confundido, hice un recuento de mis ideas y recuerdos, hasta poder comprender muchas cosas que en mi niñez no entendí. Otras realidades se abrieron ante mí y empecé a ver el mundo de otra manera, como si todo fuera menos colorido. Busqué en la gente gestos y palabras que me mostraran sus verdaderas intenciones, para entenderlas por su comportamiento y estar siempre un paso adelante.

La voz de mi abuelo estuvo presente. Cada día sus enseñanzas se presentaron para ayudarme a decidir. No necesité esforzarme mucho para conseguir lo que quería, pues tuve siempre una frase o un acto a la mano que me daba lo que pretendía. Empecé a pensar que mi vida había sido trazada, que mis pensamientos no eran míos y que mis actos nacían de una esencia preparada minuciosamente: era yo siendo otro. Concluí que yo no estaba viviendo, que era él quien, aunque muerto, aún vivía a través mí. Odié a mi abuelo: lo odié por haberme dejado solo, por haber manipulado mi ser y mi personalidad; lo odié por haber dejado el listón tan alto, por haberme querido de tal forma, porque me impregnó de él hasta sentirlo en mis huesos. Lo odié porque creí que, incluso físicamente ausente, su presencia en mí era más fuerte que mi voluntad y lo odié porque mi corazón no aguantaba el dolor de echarlo de menos cada día. Bajo aquella confusión y aquel afán de ser dueño de mi propia vida, decidí entonces dejar de hacer caso a aquella voz que dictaba mi proceder y actué como pude, buscando una alternativa a mis instintos.

Mi vida siguió un curso no muy distinto al que ya estaba predestinado; era yo quien vivía y mis propios actos cosechaban buenos tiempos. Entonces, decidí alejarme por completo de la sombra de mi abuelo; dejé de visitar su tumba para no ver más mi nombre inscrito en aquella lápida, porque muchas veces sentí que la muerte me perseguía y me llamaba desde la oscuridad de mis sueños, queriendo llevarse una parte de mí que no me pertenecía. Mi familia siguió mirándome ilusionada. Me veían como el nuevo orgullo de la familia, me sentí especial, pues los saludos y reverencias que en la calle recibía eran ahora solo para mí.

Tuve ocho hijos con una hermosa mujer, la misma cantidad que mis abuelos. A todos y a cada uno de ellos, junto con mi esposa, les brindé lo mejor de mí. Mis hijos crecieron cobijados por las historias de nuestra infancia y de nuestra conjunta juventud. Intenté no criarlos con palabras, sino con hechos, pues se aprende mejor observando. Durante un tiempo, sentí que mi abuelo estaba presente a través de mis actos y frases. En mí, una gran batalla se inició: mis sentimientos de cariño hacia él lucharon contra la idea de vivir sin su sombra. Creí que mi abuelo intentaba volver a flote y navegar sobre mi tiempo, hasta que un día, sin remedio alguno, me vi eclipsado por su espíritu. Su presencia era como una fuerte lluvia sobre mi vida, el agua de sus recuerdos sobre mis cimientos hizo que escondidas semillas florecieran inspiradas y marcadas con su nombre. Sentí que era alguien atrapado en una imagen que, aunque bella, me impedía ser original, pues cuando busco en las bases de mis fundamentos, me veo unido en un abrazo con él.

Cada vez, mi orgullo me obligó a mirar hacia otro lado y aunque no podía escapar de él, lo evité. No quería ayudas divinas ni terrenales, quería tan solo ser alguien, un hombre capaz de elegir.

Muchos años pasaron entre preguntas y dudas, hasta que la vejez llegó lenta, pero puntual. Mi rostro se adornó con marcas profundas que desterraron mi juventud para siempre. El penúltimo de mis hijos se casó y tuvo cinco hijos. El penúltimo de ellos, lleva mi nombre. Desde muy pequeño se notó que su fuerte personalidad haría muy difícil su crianza. Mi hijo, buscando lo mejor para él, recurrió a nuestro experimentado hogar. El silencio que me ayudó a encontrar la serenidad que durante mucho tiempo busqué desapareció por completo en nuestra casa. Silveria, mi mujer, gozaba cada instante con la nueva compañía que había llegado a nuestras vidas. Nos dedicamos a criarlo de la única forma que sabíamos. Cada noche, después de cada cena, ella y yo recordábamos los momentos por los que juntos habíamos pasado. Algunas veces, en medio de la nostalgia, resurgieron en mí las extraordinarias anécdotas que escuché cuando tenía la edad de mi nieto. Mi mujer, sabiendo muy bien lo que pensaba, me observó entendiendo lo que significaba: no podía huir de quién era y de quien no fui.

Una tarde, cuando menos lo esperaba, José, mi nieto, llegó a casa en silencio y no dejó de mirarme asombrado. Después de cenar, me preguntó cómo había sido posible que en mi vida sucedieran tantas cosas extraordinarias. Antes de poder preguntarle sobre qué hablaba, me contó las historias de tiempos pasados que escuchó en el pueblo sobre José Márquez. Entonces, fue cuando me di cuenta de que, en parte, no hablaba de mí, sino del José antes que yo. Esa noche se despertó en mi interior la sabiduría que la vejez traía consigo y que estaba guardada en mi interior esperando a ese momento. Mi nieto me ayudó a perdonar a mi abuelo y a mí mismo.

Al volver a visitar la tumba marcada con mi nombre, acepté que mi abuelo no era una sombra, sino parte de la esencia con la que crecí y me formé. Morí, tal y como la lápida lo decía, para renacer siendo más joven, con más tiempo y experiencia y así poder relatarle al quinto yo, aquella larga vida conjunta que en nosotros existe.

Me aprovecho de cada situación que contenga un preciado valor para enseñarle a mi nieto con actos lo que las palabras no pueden. Llevando el sombrero del anterior José, recorro las calles de Ocaña agarrado de la mano de mi nieto; amándolo sin orgullo, ni tapujos, transmitiéndole todo lo que no he sido y soy.

Verbatim

—Primero que todo, debo agradecerle esta oportunidad, doña Raquel. Sé muy bien que muchos de mis colegas están interesados en entrevistarla. Es un honor para mí, ser la primera en hacerlo. Que sea usted famosa y allegada al rey, no es la única razón de mi respeto, puesto que, gracias a usted, muchas personas han mejorado algo en sus vidas. Usted las ha ayudado con sus libros y eso la hace una persona influyente y querida en España, e incluso en mi país natal, Colombia.

—Aunque no me enorgullece del todo el hecho de que me respeten por mis libros, me alegra profundamente escuchar que de algo han servido. Es cierto que muchos me contactan para que les conceda la tan anhelada primera entrevista, pero si alguien ha de contar lo que tengo que decir sobre mi último libro, deseo que sea usted mi portavoz.

—¿Puedo saber por qué me ha elegido?

—La he seguido desde hace tiempo, señorita Jiménez y creo que usted es la más honesta y menos sensacionalista de sus homólogos, pero no puedo dejar a un lado o negar que siento que nos une algo más que esta entrevista.

—Me halaga que siga mi trabajo, pero ¿a qué se refiere usted? ¿qué nos une?

—Deje que le cuente lo que ha venido a escuchar. Después, usted decidirá si desea saberlo. Sé que al igual que sus colegas, habrá investigado mi vida personal. Sin embargo, le contaré cómo inició todo, ya que solo así entenderá lo que significa mi último libro.

Empecé a escribir desde muy joven, pero fue el día en que mi madrastra murió cuando hice de las letras una fuerte parte en mí, pues en mi ser se encendió un fuego triste que, con el paso del tiempo, se fusionó con otras penas y sentimientos. Esa pena es imposible de extinguir, pero se puede calmar mediante la escritura. Escribí todo lo que mi ser me susurraba, pero siempre usé lo que percibía y apreciaba en mis sueños. Cada sueño es para mí un relato de una vida ausente que siempre creí desear. Muchos de ellos, parecen ser la extensión de mi vida cuando no soy consciente, es decir, cuando no estoy despierta y algunas veces creí que eran una ventana a otro tiempo. Es habitual que mis sueños tengan una continuación, pero no siempre se me hace fácil encontrar el detalle que los vincula.

—¿La extravagancia y aquella realidad fantástica en sus libros, proviene también de sus sueños?

—No siempre. Usted sabe que la región en la que crecí es un lugar fantástico.

—Sí, Castilla-La Mancha, se podría considerar como un lugar real impregnado de fantasía, presente en muchos libros, lo que lo hace ser parte del culto literario universal.

—Exactamente. En cada uno de sus pueblos, sobran los cuenteros y los misterios. Mi llegada al mundo se vio manchada por una tragedia: mi madre murió cuando nací. Mi padre me hablaba mucho sobre ella, me describía con lujo de detalles su apariencia y sobre todo su forma de ser. De no ser por él, nunca hubiera tenido una imagen de ella. Muchas veces me miraba desde una extraña nostalgia y me decía: «Eres su viva imagen». No dudé en pensar que cada vez que me observaba, se hacía más profunda su herida: lo notaba en sus ojos.

La relación que tuve con mi padre fue muy intensa. Solo la muerte nos pudo separar. Él era un hombre enigmático y vivió la vida a su manera, pero nunca fue irresponsable, siempre tuve su cariño y todo lo que necesité, incluso más. Sé, por viejas cartas que encontré cuando era niña, que no vivió toda su vida en Castilla-La Mancha. Él era oriundo de San Sebastián, allí vivió con sus padres, a quienes no conocí. Nunca volvió a su pueblo natal. Nunca le pregunté por qué; supongo que, si lo hubiese hecho, no me lo hubiese dicho.

—Por eso está usted en Brujas.

—¿Por la muerte de mi padre, quiere usted decir?

—Sí, por la forma en la que usted habla de él, creo que siente nostalgia al estar en su pueblo.

—Sí, siento nostalgia al estar allí, pero no por eso vine a Bélgica. Más adelante conocerá usted la razón. Los sueños no pararon. Me vi envuelta en muchas situaciones y en lugares que jamás visité. Al dormir, tenía varias vidas, era como si me desdoblara y me infiltrara en el cuerpo de otras personas. No sé de qué otra forma explicarlo, pero debido a esas experiencias extrasensoriales es que pude describir fácilmente los lugares, situaciones y personas narradas en mis libros.

—¿Es por eso que el último de sus libros se desarrolló principalmente aquí, en Brujas, porque tuvo esas experiencias aquí?

—Sí, es una de las dos razones. ¿desea usted otra taza de té?

—Sí, por favor.

Como le iba diciendo… Los sueños no se detuvieron y tampoco pasaron inadvertidos. En veinte años escribí tres libros. La Aldea

Real, Sentidos Fusionados y La Carta. Cada uno de ellos están vinculados entre sí por medio de detalles que no describo. El personaje principal de Sentidos Fusionados es el hijo del herrero en La Aldea Real: por eso el misterio de su proveniencia; y el lugar en donde se desarrolla La Carta, es donde nace Silvio, personaje principal en La Aldea, por eso sus raíces son una incógnita.

—Es fascinante. ¿Tiene Verbatim algo que lo vincula con sus anteriores libros?

—No. Empecé a tener los sueños con los que escribí Verbatim cuando tenía quince años y lo terminé tiempo después de que mi padre muriera, al cumplir los cincuenta y cinco. Cuando enfermó, le dije que nos fuéramos del pueblo para buscar comodidad en alguna otra ciudad. Así podría ser tratado de su dolencia, pero él no quiso. Murió cinco años después. Con su partida, me sentí sola, desprotegida y aunque ya era una mujer mayor y no tenía problemas en mi vida, me sentí perdida, sin un horizonte que seguir. El día de su funeral, los vecinos y algunos amigos me acompañaron y se despidieron de él. No hice lo que es ya una tradición, pues se acostumbra que los asistentes, después del sepelio, se reúnan para beber té, comer algo y compartir historias sobre el fallecido. Yo, en cambio, fui directo a casa a organizar las cosas de mi padre.

Lo que le voy a decir ahora, es algo incomprensible. Intentaré encontrar las palabras adecuadas para describirle lo que viví, pero le aseguro de antemano que nada de lo que le diga, se asemejará a lo que soñé. Es por eso que entenderé si usted decide no publicar esta entrevista… Durante años, soñé una vida entera. Escribí lo palpado, solo eso. En Verbatim no hay nada que pertenezca a mi vida. Usé solo mis sueños, en donde viví un tiempo que no era el mío: incluso mi nombre era otro.

—Gloria…

—Sí, ese mismo. Al despertar de cada sueño, sentía que algo me hacía falta. Era como si parte de mi alma estuviera atrapada en el mundo de los sueños. Creí que esas sensaciones no eran nada importante y que solo me sentía confundida al verme vivir situaciones tan diferentes. En mis sueños me enamoré, me casé y tuve tres hijos. Era todo lo contrario a lo que quería al estar despierta. Mis sueños eran cada vez más intensos. Quiero decir que era como si todo aquello realmente me sucediera.

La noche que soñé con la muerte de Gloria, sentí algo que no quiero volver a experimentar jamás. La vi, me vi: fui de verdad ella. Mi cuerpo se enfrió, mi boca se secó, sentí mis entrañas colapsar, mi corazón se detuvo y el cuerpo en el que habitaba dejó de ser mío: fui desterrada de él. Me vi desde lo alto, con la cara demacrada y la piel blanca y fría. Mis ojos abiertos, eran dos cuencas de color azul sin brillantez. Enseguida me desesperé, pero al notar que el mundo se apagaba despacio, hasta quedar en una oscuridad inmensa, me sentí extremadamente ligera. Era como si pudiera sentir todo lo que me rodeaba, pero nada era claro. Durante un corto instante fui todo y nada. Luego, un profundo desasosiego que surgió en mi por haber examinado lo que viví y lo que no, me inundó por completo, acompañado de una aguda tristeza que me abrazó al recordar a mi esposo e hijos, porque eran míos en aquel trance. Esa legión de sentimientos no duró mucho, pues un extraño calor profanó la parte humana en mí, borró mis apegos y cuando ya no entendí nada más, vi un lugar carente de todo lo terrenal. Entonces, desperté.

—¡Dios mío!, ¿quiere usted decir que…?

—Sí, señorita Jiménez, parte de mí murió con ella o ella murió en mí. Después de esa noche, no soñé más con Gloria, ni con nada de lo que en vida la rodeó.

—No sé, doña Raquel, si podré escribir algo que describa un suceso tan trascendental.

—Puede esperar todo el tiempo que desee para hacerlo.

—¿Por qué no escribe usted una autobiografía? Solo usted puede reseñar y detallar lo que vio y sintió.

—No volveré a escribir, señorita Jiménez, por lo menos no hasta que esté segura de mis dudas.

—¿Qué dudas tiene?

—Todavía no he terminado de contárselo todo. Cuando publiqué Verbatim, no sentí esta incertidumbre que me abruma. De haber sido así, nunca lo hubiera publicado. Todo empezó cuando tres meses después de haber publicado el libro, mi padre, ya muerto, recibió una carta desde Brujas. Marie Dumont era la remitente. Cuando la leí, me sentí perturbada y engañada. Mi padre me había ocultado algo durante toda mi vida. El silencio de su tumba me obligó a sacar mis propias conclusiones, pero por más que pensé, no encontré una razón que justificara dicho secreto. Tenía una hermana gemela: Gloria Dumont y había muerto justo seis días antes de que terminara Verbatim, exactamente cuándo soñé que moría. Busqué entonces en el baúl de mi padre cualquier indicio que me ayudara a entender aquel misterio. Encontré más cartas, donde Marie Dumont informaba a mi padre sobre mi hermana. Él recibía una carta cada dos años. En una de ellas, encontré una foto… fue como mirarme en un espejo.

Vine a Brujas con la única intención de saber qué le pasó a mi hermana y por qué mi padre me ocultó su existencia. Cuando hablé con su madre adoptiva, entre lágrimas, me contó lo sucedido. Mi madre no murió justo cuando nací, así como mi padre me lo había dicho, sino veinte días después, y no era cierto que Eduardo Almeida fuera mi padre.

—¿Cómo es eso posible?

—Mi padre era realmente mi tío. Él era el único pariente vivo de mi verdadero padre. Lo asesinaron antes de que yo naciera. Él fue un mercader y no solo le quitaron la vida, sino también todo lo que tenía: por eso mi madre quedó en la ruina.

—¡No sé qué decir! No puedo imaginar su sufrimiento.

—Nadie podía hacerse cargo de nosotras. Sin alguien que pudiera trabajar para alimentarnos y mantenernos, parecía que en el destino estuviera escrito que moriríamos. Fue así como mi madre tomó la decisión que le costó la vida poco después. Marie Dumont estaba de vacaciones junto a su esposo. Nos vio en un camino que se supone nos llevaría hasta San Sebastián, pues mi tío era lo más cercano a una familia para mi madre. La señora Dumont, al ver la miserable situación de mi madre, decidió ayudarla haciendo un nefasto trueque con ella. Nos llevó de vuelta a Castilla-La Mancha y se llevó a Gloria. Le dejó a mi madre unos títulos inmobiliarios y unas cuantas bolsas de monedas de oro, con las que yo no pasaría necesidad alguna durante toda mi vida.

—Perdóneme usted doña Raquel, siento no poder aguantar mi llanto, no parezco una profesional, lo sé, pero su historia me ha estremecido.

—No se preocupe señorita Jiménez, en parte por eso la elegí a usted. Mi tío llegó cuando tenía quince días de haber nacido y desde entonces se hizo cargo de mí. Sé que mi madre, en su lecho de muerte, le hizo jurar que no me contara nada y él no rompió su juramento. Saber aquello fue, sin duda, un gran golpe para mí. Pasé dos años meditando qué hacer, hasta que me sentí preparada y decidí venir.

—¿Está usted bien doña Raquel? Si lo desea, podemos hablar en otra ocasión.

—No, estoy bien. Solo déjeme abrir la ventana, necesito un poco de aire fresco. Señorita Jiménez, usted es la única persona que ha escuchado la verdad sobre las historias que escribí y también sobre mis padres. Ahora será usted la única persona que escuche de mi boca, la singular explicación de lo que significa Verbatim.

Después de que la señora Dumont me contó todo lo sucedido con mi madre y todo sobre la vida de mi hermana y su muerte. Todo lo que soñé con ella sucedió en realidad. Verbatim, es la vida de Gloria a pie de letra.

—¡Es algo inconcebible! De no ser porque es usted quien me lo cuenta, no lo creería.

—Lo sé, esa fue mi reacción al escuchar lo que la madre adoptiva de mi hermana me dijo: pues fue exactamente lo que escribí. Mi gran duda, la que me aflige, es no saber si fui yo quien guio la vida de mi hermana al escribir lo que soñé con ella o si fue Gloria, quien, en mis sueños, usó nuestro vínculo para mostrarme su vida. En cada sueño que tuve, señorita Jiménez, en cada uno de ellos, lo compartimos todo.

La señora Dumont me contó además que Gloria, algunas veces, le dijo que sentía que le hacía falta algo y que creía que algo o alguien la observaba, como si la estuvieran persiguiendo. Era yo, eran mis ojos los que la observaban. Hice de sus más privados momentos, sentimientos e ilusiones, algo público. La usé, señorita Jiménez, la usé para alcanzar el éxito y la fama que ahora tengo. No solo a ella, sino también a quienes forman parte de mis otros libros, pues creo que, con mis sueños, en parte altero y plagio el íntimo tiempo de otras personas.

—De ser así, doña Raquel, usted no tiene la culpa, ¿cómo iba usted a saber lo que de verdad son sus sueños?

—Tiene usted razón; sin embargo, no puedo dejar de pensar en ello.

—Perdone, doña Raquel, lo que me ha contado me deja abrumada, casi estupefacta. Estoy confundida y por eso creo que necesito saberlo. ¿Por qué me eligió a mí?

—Cuando despierte y reciba mi carta de invitación para venir a Brujas, lo sabrá.

Una ruta y un cincel

Uno de los cuartos de la casa señor Eriksen es como un museo donde están guardadas las muchas figuras que en su tiempo libre tallaba. Sus obras eran el resultado de la minuciosidad en cada detalle que se proponía mostrar. En la privacidad de su casa, exhibía algunas de ellas, unas con forma de partes del cuerpo humano y otras cuyo significado no entendí en su momento. Él no era un carpintero común. Muchos lo consideraron un virtuoso: un artista con un talento puro para tallar la madera. Yo creo que fue más que eso, para mí era un hombre sabio con muchos dones, que hizo tangibles sus ideas y sueños.

Su trabajo fue conocido en gran parte de la región. En Ribe, nuestro pueblo, más de una vez donó bellas esculturas de santos y marcos exclusivos para las pinturas de otros artistas, por lo que fue famoso desde muy joven. Desde que me acogió en su hogar me interesé por su trabajo, y pronto me di cuenta de que para él era mucho más que trabajar con madera. El señor Eriksen siempre llevaba a la mano un cincel con el que tallar: esa era su forma de relajarse y meditar. Cuando empecé a trabajar con él, me dio tareas fáciles para ponerme a prueba. Cada día, practicaba lo que me iba enseñando, hasta que trece meses después, a mis catorce años, me convertí en su único aprendiz y ayudante.

A mi maestro nunca le hizo falta el dinero, pues sus obras fueron bien pagadas. Los hermosos grabados y relieves en las mesas, sillas, marcos y figuras que creó, tenían un gran valor y fueron siempre apetecidas por los señores feudales y los nobles. Casi todas las familias importantes de la península tienen al menos una de sus obras.

Trabajar a su lado fue un privilegio. Me siento honrado por haber aprendido del mejor. Sin él, no sé qué hubiera sido de mí.

Aunque la mayoría de veces permanecíamos en silencio, concentrados en darle forma a la madera, hablábamos sobre distintos temas. Muchas veces me contó anécdotas de su vida en varias ciudades de Dinamarca, Noruega, Suecia y Alemania. Otras veces me contaba cosas sobre su vida privada de forma metafórica, por medio de historias que relacionaban sus recuerdos o deseos con lo divino o lo oculto. La forma en la que hablaba era tan simbólica que más de una vez no logré entender lo que decía, pues me era difícil diferenciar lo fantástico de lo real. Al principio, dudé de él y de las historias que me contaba. Creí que le pertenecían a otro, porque describían un tiempo distinto y un hombre diferente al que conocía, pero después, al darme cuenta de la seguridad con la que hablaba y la nostalgia que exteriorizaba, estuve seguro de que no mentía. Más de una vez, al oírlo, noté en su voz cierta tristeza que no pude entender.

Le gustaba trabajar de noche, a la luz de unas cuantas velas, pues decía que en las sombras encontraba la inspiración que necesitaba. También le gustaba sentarse en el jardín o dar paseos por el campo en las noches: «La naturaleza desprende más arte que cualquier otra cosa», me dijo varias veces. Una noche, cuando tomábamos vino bajo la luz de la luna, me contó que, en varios de sus paseos nocturnos, vio entre las sombras una figura que lo seguía y le mostraba algunas siluetas dignas para ser grabadas en la madera más cara. No le creí a mi maestro, pues estaba muy borracho.

Siempre pensé que su don era algo extraordinario, no solo por como trabajaba la madera y los materiales que usaba, sino también por la forma en que buscaba inspirarse. La mayoría de veces que vio mi cara de asombro al ver una obra suya finalizada, me decía: «Tal vez el único talento que tengo es ser perseverante».

Una mañana, un hombre delgado y bien vestido, vino buscándolo. Su rostro era pálido, serio y expresaba, a mi juicio, una apatía por la vida que jamás había visto. Luego, con un extraño acento, me preguntó: «¿Dónde está vuestro mentor?». Sin decir ni una palabra, lo señalé, pues él estaba tan concentrado en su trabajo que no se había dado cuenta de aquella visita. Aquel hombre se acercó al señor Eriksen, habló con él durante un instante. Luego se dieron la mano, como si hubiesen acordado algo y se fue. El señor Eriksen se quedó pensativo durante un momento, como añorando algo y luego siguió trabajando.

Los días siguientes, mi mentor trabajó como era costumbre, hasta que una mañana, se acercó a mí. Me ordenó que continuara trabajando en sus proyectos. Desde que aquel misterioso cliente fue al taller, el señor Eriksen apenas cruzaba palabras conmigo.

Lo observé atentamente. Permaneció sentado durante tres días al frente de un inmenso tronco, con varios trozos de papel, un lápiz y una botella de vino. No lo había visto antes así de pensativo. Lo que fuera que estuviera diseñando, deseaba hacerlo de forma perfecta. En las noches, cuando salía durante horas a caminar por el espeso bosque, yo irrumpía en el taller para ver sus bosquejos, pero siempre los llevaba con él. Estaba siendo muy cuidadoso y reservado con su nueva creación.

Al terminar el diseño, serró cuidadosamente la madera hasta obtener varias tablas. Lijó y cepilló cada una de ellas con un esmero que jamás había presenciado. Cada vez que pude, lo observé con discreción. Quería saber qué estaba creando. No se lo pregunté, porque sentí que no quería decírmelo. Cuando obtuvo siete tablas, las dejó sin barnizar y sin tallar ningún grabado o relieve sobre ellas. Me di cuenta de que no eran tablas tradicionales, ya que tenían pequeñas curvaturas que se extendían unos centímetros desde el borde hasta el interior.

Para mi sorpresa, siguió trabajando con unas telas de gran valor que compró en el pueblo. Las cortó y cosió hasta darles la forma que había bosquejado. Cuando las telas estaban listas, barnizó una de las tablas más largas con un color oscuro que él mismo mezcló. Visto desde lejos, su barniz parecía negro, pero bajo la luz se veía un azul oscuro, como el del cielo y las nubes durante los primeros minutos de la noche. Cuando la tabla estaba lista, la tapizó con capas de algodón y tela hasta darle la forma de una cama individual muy estrecha. Pensé que construía una cama para un niño o una cuna, pero deseché la idea, pues nadie usaría un color tan lúgubre para albergar el sueño de un infante. No tenía ni idea de qué estaba construyendo, hasta que barnizó el resto de las tablas. Al secarse, las unió para hacer una prueba de su diseño: era un ataúd.

Tres semanas pasaron. Trabajó día y noche sin parar hasta que el féretro estuvo listo. Los detalles de los grabados, sus figuras y la escritura que usó para la frase que cinceló, hicieron de aquella caja hecha para albergar muerte, un plácido lugar para el descanso eterno. Aunque el señor Eriksen ya había terminado, no trabajó más en otras tareas: todo me lo dejó a mí. Pasó los días observando el ataúd, puliéndolo, perfeccionando los acabados y sus detalles. Cuando ya no encontró más que mejorar, se sentó taciturno al lado del ataúd, como si estuviera esperando que alguien lo recogiera.

Todos los días trabajé desde las ocho de la mañana hasta las nueve de la noche para cumplir las obligaciones que el señor Eriksen me iba encomendando. Varias noches, me acosté a dormir sin comer, pues el cansancio me obligaba. Me levantaba en la madrugada más de una vez debido al hambre y siempre escuchaba raros sonidos que provenían del cuarto de mi maestro. Una vez, impulsado por la curiosidad, abrí la puerta de su cuarto y me asomé para ver qué hacía, pero solo vi oscuridad. Di unos cuantos pasos y me acerqué a su cama. Estaba sentado, con los ojos y la boca abierta, soñando. En su sueño, hablaba con alguien. Fue al escucharlo balbucear en voz alta algo sobre el ataúd, cuando decidí quedarme unos minutos más, porque quería entender lo que decía para descifrar aquel misterio, pero de un momento a otro se quedó en silencio y cayó recostado sobre la cama. No se escuchó nada, ni siquiera su respiración. Lo llamé un par de veces, pero no se despertó. Antes de acercarme a su pecho para verificar que estaba bien, un escurridizo viento helado apareció de la nada. El cuarto se enfrió tanto, que pude ver el vapor salir de mi boca con cada respiración. El señor Eriksen parecía una estatua: quieta, pálida y sin vida. Tenía miedo, no entendí nada de lo que estaba ocurriendo; sin embargo, me acerqué a él, pues necesitaba saber si mi maestro estaba bien. Me senté a su lado y al poner mi mano en su pecho, escuché y sentí el fuerte latido de su corazón por doquier en el cuarto y en mi cuerpo, como si estuviera latiendo en cada rincón de mi materia y de mi ser. El fuerte estruendo proveniente del señor Eriksen me transportó a una pesadilla tan intensa que corrompió mi cuerpo entero, hasta que mi corazón latió al mismo ritmo. Salí de la habitación tan rápido como pude y me encerré en mis aposentos. Esa noche no dormí.

Al día siguiente, cuando entré al taller, el señor Eriksen estaba trabajando como si nada. Tenía muy buen semblante, parecía que su vitalidad se había renovado. El hombre fatigado y serio que estuvo conmigo en el taller desde que empezó a hacer el ataúd, quedó en un recuerdo. Cuando entré, me sonrió y me saludó, para luego seguir puliendo un trozo de madera. Aquel día, era yo quien estaba cansado.

Tres días pasaron, hasta que su buen semblante desapareció y ya no solo se veía cansado, sino también demacrado. Parecía estar perturbado por algo. Aunque ya no trabajaba, estuvo todo el tiempo en el taller hasta que era la hora de cerrar. Pensé que no estaba atento a lo que pasaba a su alrededor, pero sí lo estaba, pues observaba de cerca lo que hacía, cosas que alguna vez me corrigió y me pidió que repitiera mi tarea hasta que estuviera perfecta sin su ayuda. Durante los siguientes cinco días se dedicó a corregirme, hasta que, en el quinto día, se acercó a mí y me dijo: «Ulrik, ya no tengo nada más que enseñarte». Luego, puso su mano sobre mi hombro, me miró a los ojos y me dijo: «Que la luz de la luna sobre tu cuerpo no forme la sombra de nadie más, sino la tuya». Después agachó su mirada, sonrió y se fue del taller.

Cuando me desperté al día siguiente, el señor Eriksen ya no estaba y tampoco el ataúd. Los busqué por todos lados en la casa, pero no había rastro alguno. Cuando fui a registrar su desaparición, me hicieron entrar a una sala en donde me esperaba el notario. El señor Eriksen me había dejado su casa, el taller y como no tenía hijos, le dejó su dinero al orfanato del pueblo, el mismo del que me escapé cuando era niño. Volví al taller y rompí en llanto, pues todo lo que soy se lo debo a él, pero también lloré de amargura, ya que el hombre al que admiraba, quien me había acogido y moldeado desde que era un niño, se había marchado para siempre. Sentí rabia, pues lo más cercano a un padre que tuve, me trató durante un tiempo como un desconocido, como si no hubiera confiado en mí. Envenenado por un pasajero odio, me propuse ser mejor que él, para que su nombre fuera olvidado. Sin embargo, respeté su memoria y dejé su salón tal y como él lo había dejado.

Durante años, me pregunté cada día qué había pasado con él, pues nadie sabía nada. No entendía por qué se había ido sin despedirse, ni tampoco qué había hecho con el ataúd. Usé su técnica tal y como me lo enseñó y seguí trabajando en el taller. Me fue imposible no recordarlo. Casi podía verlo a mi lado, lijando tablas, puliéndolas, creando algo bello. Con el tiempo lo perdoné, pues realmente lo quise de corazón.

Me casé y tuve varios hijos. La casa dejó de ser tan silenciosa como antes: a los sonidos provenientes del taller, se sumaron las voces de mis hijos, que resonaban en cada rincón con su alegría. Un domingo, el menor de mis hijos, entre juegos, tomó sin permiso las obras que el señor Eriksen guardaba en la sala y las juntó, formando el cuerpo de un hombre. Iba a regañarlo, pues nadie nunca había tocado las figuras de mi maestro, pero me di cuenta de que aquel hombre de madera, era él. Estaba feliz por volverlo a ver, pero igualmente me entristeció el recuerdo de su partida. En su cuerpo de madera, observé que en su brazo derecho había un texto grabado: era una ruta.

Durante tres meses, seguí la ruta que mi maestro grabó en su brazo de madera. Cabalgué, caminé y navegué por diversos lugares. Conocí tantas ciudades y personas como nunca en toda mi vida y en cada uno de los pueblos que visité, probé distintas comidas y disfruté del arte nacido en la naturaleza, tal y como él lo narraba en sus anécdotas. En medio del camino, entendí sus metáforas y sonreí al recordar su nostalgia al contármelas. Finalmente, llegué a un pueblo de la Isla Fionia, en Odense, donde se suponía que debía estar lo que estaba buscando. Durante varias semanas, me desgasté buscando por mi cuenta algo que tuviera relación con él, pero no tuve éxito. Desconsolado, regresé confundido a mi hogar y seguí trabajando en el taller. Con el paso de los años, noté que varias de las vivencias que experiencias que viví en aquel viaje sin destino, me sirvieron en muchos aspectos de mi vida. Fue entonces, cuando comprendí que la ruta tallada por el señor Eriksen era, en realidad, un punto de partida.

Big Ben

Para Lena.

Vinci, 15 de agosto de 2140.

Hoy cumplí 27 años. Antes de celebrar mi natalicio con mis familiares y amigos, caminé por las calles inalteradas de Florencia, con la intención de comprar un vestido verde para mi fiesta. Nunca imaginé que en el encanto y esplendor artístico que rodea a la vecina ciudad, me sucedería algo tan extraordinario. Una presencia me impregnó de algo incomprensible. Fue como si algo se encendiera en mí y me indicara la dirección hacia dónde tenía que caminar. Seguí pues la ruta que en mi interior fue marcada, hasta llegar a una pequeña plaza en la que nunca había estado. En mi corazón palpitó una desconocida alegría, que solo después comprendí. Ella llegó, a mi parecer, de la misma forma que yo. Supuse que no era italiana, pues por su apariencia, intuí que provenía de algún país nórdico. Me acerqué a ella y al caminar, con cada paso que di, me vi en muchas situaciones y lugares. En verdad creí trascender en el espacio y el tiempo. Ese corto camino hacia ella, me trajo sensaciones que no formaban parte de mí y en el fondo, como si proviniera de un muy lejano lugar, los sonidos de una campana se escucharon. Cuando por fin estábamos frente a frente, un estímulo íntimo en ambas hizo que nos abrazáramos y con la última campanada, sentí que ese algo singular se había completado. Me iré a la cama con todo aquello que llegó a mí, pero, sobre todo, sintiendo su presencia.

Vinci, 16 de agosto de 2140.

Me desperté a las 7 de la mañana, bajo el más intenso éxtasis. El sueño incomprensible abarrotado de imágenes y voces que tuve me obligó a abrir los ojos. El choque emocional producido por tanta información en mi sueño me obligó a despertar y recordé todo: entre cada uno de los detalles, estaba ella. Ahora que he asimilado todo, a la luz de la mañana, sentada en la terraza, pretendo transcribir lo que recuerdo con lucidez de aquel sueño.

Vivía en Londres cuando por primera vez me sentí un ser único, completo y trascendental. Fue el siete de septiembre de 1859, el día en el que el Big Ben entraba en funcionamiento por primera vez. Sé que estaba reunido con otras personas para presenciar aquel evento, pero sobre ellos no recuerdo absolutamente nada. Con la primera campanada, escuché una respiración en mis adentros, como si algo o alguien se despertara de un largo sueño y con cada nueva campanada, me sentí bienaventurado. Justo en el momento en el que el sonido de la última campanada se desvaneció, la vi. No existen palabras para explicarlo, pero creí que ella era el fundamento vital en cada ser, eso inefable para cualquier mente, lo imposible de ver o palpar. Lo único que me atrevo a decir es que mi interior se estremeció por la más íntima e inigualable alegría, y al estar junto a ella advertí que conseguiría hacer realidad la novedosa idea que había nacido en mí: ser y estar completo. Atraído por una enigmática y sustancial fuerza, me acerqué a ella sin titubear y me presenté. Sabía que mi nombre no importaba, al igual que mi apariencia, y creo que a ella le sucedió exactamente lo mismo: pude verlo reflejado en sus ojos. Era como si dentro de mí, algo o alguien estuviera viviendo escondido y esperara encontrar lo que necesitaba para cerrar el círculo de su esencia. Tenía veintitrés años cuando la encontré. Nos casamos dos años después de que entendiéramos que debíamos estar juntos. Mi vida a su lado fue hermosa. Usábamos el lenguaje del hombre para comunicarnos con otros, tal y como estaba previsto, pero en nuestra unidad, se reflejaba algo más intenso: no necesitábamos palabras ni gestos.

Pasamos por los mismos tormentos del hombre, pero en nuestra verdadera esencia, nada pudo cegar nuestra felicidad. Por esa razón, nunca nos alejamos. No tuvimos hijos, no porque no los quisiéramos, sino porque yo no podía. Aunque solo necesitábamos lo que juntos éramos, no dejábamos de ser la imagen del ser humano y como tal, sentimos y deseamos lo que es natural. Cuando ella murió, algo en mí se apagó: fue como si parte de mí se hubiera muerto o escondido en los recovecos de mi alma. No entendí su muerte, pues en mí, solo hubo tiempo y espacio para la tristeza. Fue tan inmenso y oscuro el vacío, que creo haber fallecido días después.

Vinci, 1 de septiembre de 2140.

Hace unos momentos, estaba en la terraza tomándome una copa de vino y observando el cielo de verano. Acababa de hablar por teléfono con Agnes. La echaba de menos, como cada día. Hablábamos todas las noches. Así olvidábamos la distancia. Al colgar, el sol se ocultó dejando un colorido atardecer que me hizo sentir melancólica y en el silencio de la recién llegada noche, me transporté a otra época.

Esperaba la muerte en soledad, rodeada por otros ancianos. A los ochenta y seis años, no se puede hacer mucho más que eso. Cada día, durante varios años, fui atendida con esmero por una amable mujer proveniente de Cuba. Su alegría era lo único resplandeciente en aquella fría habitación, de la cual solo salí a pasear de vez en cuando. En mi cuarto colgaban unas fotos de mis familiares, para no olvidar el precioso tiempo de mi juventud, porque además de esas memorias, en mí solo habitaban los grises recuerdos de la guerra y de aquella cruel persecución originada en Alemania. Matilde fue sin duda alguna, más que mi enfermera. Ella me cuidaba como si fuera mi hija. Masajeaba con esmero mis cansadas piernas y me daba de comer cuando yo no podía hacerlo.

Ella me dio fuerzas para vivir. El día que dejó de venir, sentí un enorme desconsuelo ya antes conocido y no quise levantarme más de mi cama. Pasé las siguientes semanas encerrada, deseando ser visitada por el ángel que me llevaría al cielo. Una mañana, creí que estaba muriendo, pues escuché, entre sueños, una voz que me susurraba algo al oído. Su casi desvanecida voz me hablaba, sin pronunciar mi nombre: era como si directamente creara pensamientos en mí y en ellos me mostrara el lugar a donde tenía que ir. Me desperté y me levanté de la cama, caminé por el largo pasillo de la residencia, bajé las escaleras y llegué a una habitación, ocupada recientemente. Antes de abrir la puerta, a mi mente llegaron recuerdos ajenos, pues no hacían parte de mi tiempo en Polonia. En ellos escuché unas campanadas que me indicaron el inicio de algo y, cuando finalizaron, lo sentí y lo recordé todo. La puerta estaba ya abierta y allí estaba ese algo que me había llamado en mis sueños. Al mirarme, me habló de la más bella forma. Tadeus se convirtió en mi compañero durante tres años. En el cansancio de la vejez, ambos recobramos una energía escondida. Nos contábamos nuestra vida y nuestros viejos pesares, pues no hacía falta que habláramos del tiempo que antes pasamos juntos. En 1953, Tadeus murió y con él, la energía que me daba vitalidad. Después de él, se borraron de mi mente los alternos recuerdos de la juventud a su lado en Inglaterra.

Cuando regresé de aquel estado de contemplación minuciosa, en mí creció el afán por estar con Agnes; no para hablarle sobre lo que acabo de escribir, sino por algo más que no logro entender.

Vinci, 8 de septiembre de 2140.

Desde que la vi, no ha pasado un día sin que piense en ella. Cierro los ojos y veo con perfección su rostro y sus gestos y escucho su voz en mis adentros. Nunca me había sucedido algo así con una mujer. Creo que estoy enamorada de ella. ¡No!

Enamorada no es la forma correcta de describir lo que sucede en mi pecho. Es algo más profundo e intenso.

El día de mi cumpleaños, cuando hablé con ella, tuve la impresión de saberlo todo sobre su vida y a medida que llegan a mi estas ideas e imágenes de tiempos pasados, se fortalece la idea de que estoy vinculada a ella de una hermosa forma. ¿Es esto entonces lo que es el verdadero amor?

Milán, 14 de septiembre de 2140.

Regresé para finalizar mis estudios en la universidad y durante el viaje en tren, al observar el bello paisaje, entré en un trance que le facilitó a mi mente y cuerpo, ver y percibir de forma exacta una insólita sensación que dominó mi voluntad. Tanto fue, que la forma en la que mi cuerpo reaccionó a ese hecho no pasó inadvertida para los otros viajantes y al recobrarme, me di cuenta de que había pasado un día en el hospital.

Esto fue lo que ese día evoqué y reviví:

Cuando volví a sentirme completo, estaba como en una cárcel. No había nada más que oscuridad y un extraño y húmedo ambiente que me cubría por completo. Desde mi plácida celda, percibí que afuera había luz y un mundo por descubrir. En él estaba esa sustancia, esa entidad que me haría ser íntegro. De nuevo, sentí aquella enigmática fuerza que, como una brújula, me señalaba la ya conocida longeva presencia, y aunque no tuve la más mínima sensación del tiempo, esperé tranquilo el momento en el que estaríamos juntos, ya que supe con firmeza quien me esperaba. Recordé, con lujo de detalle, el tiempo que compartí junto a la otra parte de mi entereza, lo que me hizo sentir una leve ansia por salir para estar a su lado.

Observé el pequeño espacio donde por un indeterminado tiempo permanecí, pero no entendí mi situación, pues mi tierna conciencia no era suficiente. Los recuerdos de mi vida en Inglaterra y Polonia fueron inútiles. Sin embargo, me sentí seguro y protegido. Escuché voces y cercanas caricias. Algunas veces, creí estar soñando y que era solo un espíritu, pero no fue así. Sabía que era alguien, pues creí tener un cuerpo: de eso no tuve la menor duda, aunque no sabía si era hombre o mujer, ni tampoco me importaba. Empecé a creer que era parte de alguien, pues mi corazón no solo latía a mi ritmo, sino que plagiaba el de otro que latía más fuerte.

En un indeterminado momento, supe que sería libre y así fue. Entre los gritos y el esfuerzo de quien me amparó y a quien de forma natural amé, salí de la oscuridad vital y vi la luz por vez primera. Sentí por mi cuenta el aire y la luminosidad de la vida, fue algo precioso. Quise hablar sobre mi alegría, pero de mi boca solo surgían gritos que alegraron a quienes estaban presentes. Cuando él me abrazó, me miró y lloró de felicidad, al verme, dejé de estar incompleto.

Cuando por fin mi cuerpo de bebé y mi renovada mente me permitieron expresarme, le sonreí mi más profunda felicidad por volver a estar a su lado. No recuerdo absolutamente nada de mi tiempo antes y después de su alma junto a la mía, no sé qué fue de mí, no lo sé.

Cuando cumplí los cinco años, entendí que era otra persona y que estaba en otra época. Cada vez que abrazaba a mi padre replicaba el sentimiento de mis anteriores vidas. Sin embargo, experimenté nuevas sensaciones y a su vez, nuestro vinculo se fortaleció cada vez más. Como tenía que ser, ambos cumplimos el papel que se nos había encomendado: él fue mi padre y yo su hijo. Crecí de nuevo, sin experiencia, ni conocimiento, pero sí con más tiempo para estar a su lado. En mi juventud, él me ayudó, me guio, pues mis viejos recuerdos no me servían para ganar ventaja ni experiencia. Nací el diez de abril de 1998 en Barcelona, España. Habían pasado cuarenta y siete años hasta que por fin estuvimos juntos. Muchas veces, nos miramos a los ojos y sentimos lo mismo: hablamos sin palabras, ni gestos. Nuestras miradas llevaban escondidas frases y caricias. Vivimos sensaciones tan maravillosas que, muchas veces al recordarlas, quise replicarlas en mi afán terrenal, pero solo fue posible cuando lo recóndito en mi ser lo quiso. No puedo explicarlo, sabía que yo formaba parte de algo divino, que no pertenece a este mundo. Sin embargo, tuve que vivir la vida como una persona más, que tenía momentos de intima deidad con su padre.

En el año 2048, debido a un cáncer, mi padre murió. En su lecho de muerte, tomó mi mano y me miró. Su mirada provenía de otro lugar, lo vi en la hermosa brillantez de sus ojos. Él, a través de ese indescifrable canal, me habló y abrazó aquella sustancia etérea en mí. No fue una despedida definitiva, sino un hasta pronto. Con su partida, se apagó de nuevo parte de mi ser y me limité entonces a vivir sin recordar ese vínculo como un ser terrenal.

Londres, 23 de enero de 2141.

Hoy fue mi segundo día en Londres. Dejé Italia, después de que decidiéramos vivir juntas y al igual que yo, Agnes dejó Suecia y todo lo que allí tenía para estar conmigo.

Sabemos que damos un gran paso y que dejamos atrás muchas cosas, pero no tenemos ni la más mínima duda de que debemos estar juntas. Vivimos en un apartamento a unos diez minutos del Big Ben. No sabemos cuánto tiempo estuvimos dando vueltas por el mundo, hasta encontrarnos por primera vez en esta ciudad; tampoco lo que le sucede a nuestro vínculo cuando nos separamos. Lo importante es que estamos juntas ahora.

Cada vez que escuchamos al Big Ben hablar, nos miramos y sonreímos, pues recordamos la primera vez que nos encontramos.

En memoria de Alberto Gómez

El día que cumplí los dieciocho, hace ya 33 años, recibí un regalo muy especial: una agenda. No era para que yo escribiera en ella, pues estaba llena en su totalidad. Mi padre empezó a usarla hace muchos años, cuando yo ni siquiera había nacido. Nunca pensé que algo tan simple podía guardar un tesoro tan íntimo e importante. Esto fue lo que leí ese día.

23 de julio de 2003

«Le quedan unos veinte días de vida», me dijo el doctor después de haberme explicado el avanzado estado de mi enfermedad. Me habló de lo importante que sería que pasara mis días finales con quienes me quieren, algo contrario a mis planes. «Haga lo que siempre ha deseado hacer», me aconsejó antes de despedirse. Tan pronto escuché eso, estuve seguro de que esa era una frase de cajón que usaba con todos los moribundos. Me molesté, pero ¿qué más podía decirle él a un desconocido? Minutos después, cuando caminaba de regreso a casa, entendí que iba a morir. Devastado y conmocionado por la noticia de que la muerte estaba cerca, caminé sin dejar de pensar en mi mala suerte y en que, si hubiese ido antes al médico y no hace dos semanas, el doctor hubiera descubierto la enfermedad y tenido quizá más tiempo para tratarla. Siento rabia por no haberlo hecho. Por un descuido estoy condenado a morir a mis veintinueve años. Mucho tiempo atrás, pensé que había aceptado aquel destino que todos compartimos, pero no era cierto y ya no había nada que pudiera hacer.

Cambié de idea y antes de ir a casa, lo primero que hice fue renunciar al trabajo que tanto odiaba. No dije que iba a morir, porque no quería ningún tipo de compasión ni nada que se le parezca, y por esa misma razón no le conté a nadie desde un principio que estaba enfermo de cáncer. Como todas las noches, me senté frente a la inmensa estantería que acogía mis discos y escuché uno de ellos en silencio; solo que esa noche, me acompañaron interminables lágrimas y una extraña y compleja tristeza, envuelta por una duda que no me dejó estar en paz y que, al mismo tiempo, me obligó a pensar en todo lo que había hecho hasta ese entonces.

«¿Qué es lo que siempre he querido hacer?», me pregunto ahora. En algún momento de mi vida creí estar seguro de ello, pero ahora llego a la conclusión de que no fue así. Muchas de las cosas que creí que quería hacer estaban condicionadas por algo, alguien o una situación en la que me encontraba. No fue algo que naciera en mi interior, como el cáncer. Aquellas decisiones o actos no fueron en realidad mías.

24 de julio de 2003

Me quedé dormido después de haber llorado de manera descontrolada y sin encontrar una respuesta a mi duda. Soñé que había muerto y que vagaba no sé dónde, con una duda que no me dejaba estar tranquilo. La fuerte tos a la que no me acostumbro, me despertó de aquel cruel sueño, pero no borró aquel sentimiento. Ahora me quedan diecinueve días. Creo que voy a quedarme en mi apartamento, para estar alejado de la vida que ya no puedo tener, porque de alguna forma, ya nada me importa: tengo una fecha fija y ya no hay nada que pueda hacer.

Lo más triste de mi muerte no será algo visible para los demás, pues muchos de los que me rodearon creyeron que viví de manera envidiable. Mi tristeza oculta surge en una verdad que me angustia todavía más: no tengo algo o alguien que me haga sentir pleno. A partir de ese vacío, examiné mi vida entera, miré hacia atrás en el camino y me di cuenta de lo fácil que es engañar a la gente con embustes propios y de lo estúpido que uno es al intentar acomodarse a la banal imagen de la sociedad. Recordé mis viajes al exterior y me alegré, pues al menos conocí parte del mundo, pero me decepcionó la equivocada forma en que los utilicé. Viajar al exterior está considerado un lujo que muy pocos se pueden dar, hace parte de llegar a la cumbre de la vida social, entre los que se mueven en el estrato medio. Es tan absurdo y tonto, pero cierto. Dejar Colombia e irse a vivir durante un tiempo a un país extranjero y volver con un título bajo los sobacos es sinónimo de éxito y de ser mejor persona. Algunos hasta sienten envidia, lo sé, porque me di cuenta de ello y porque alguna vez la sentí. No lo niego, cuando elevé mi nivel de vida a través del dinero, viajes y cualquier cosa material que fuera difícil de conseguir me sentí mejor que los demás. Claro está que oculté mi arrogancia tras una interpretación de falsa humildad que se convirtió en el toque maestro de mi gran victoria.

Qué pobre me siento ahora al darme cuenta de aquello y de muchas otras cosas que usé para engrandecer mi imagen. Lo peor es que dejé de estar con personas que quizá escondían un enorme valor, juzgándolos por cómo se veían, donde vivían o porque no pertenecían a mi grupo social. Estoy tan decepcionado de mí mismo, porque tuve que estar al borde de la muerte para entender que no debí alimentar mi ego de esa forma, ni juzgar a las personas por su apariencia.

27 de julio de 2003

Después de haber pasado dos días encerrado, pensando en las cosas que ya no podía hacer y en el erróneo camino que seguí; entendí, aunque tarde, que viví bajo cimientos podridos en vanidad y mentira. Por esa razón quiero vivir mis últimos días dejando atrás esa barata, falsa e hipócrita imagen. Estar cerca de la muerte me hizo olvidar el miedo a ser juzgado y criticado por los demás y me ha liberado de los afanes del hombre y de los prejuicios impuestos por la sociedad. Mis días finales serán al menos naturales e intensos, así como cuando era niño.

30 de julio de 2003

El lunes me levanté a las ocho de la mañana e hice lo primero que se me ocurrió: me senté en una banca del parque central, justo al frente de La Columna de Esclavos. Durante tres días, observé a la gente de manera detallada y me di cuenta de muchas cosas que en la plenitud de mi vitalidad nunca me detuve a pensar. Es como si pudiera sentir la esencia de la gente. Veo y escucho todas las cosas, hasta absorber el mundo tras la máscara que oculta lo que en verdad somos. Es como si hiciera parte de todos y de todo.

Hoy, mientras observaba el atardecer, a mi mente llegaron muchas ideas, pero lo que más se repitió en mí fue sin duda que somos iguales sin importar el estrato social, color de piel o sexo. Allí sentado me di cuenta de que, en realidad, las personas son importantes por cómo sienten y cómo nos tratan y no por lo que tienen. Por eso estoy tan solo ahora: porque para mí el ser era tener. Me entristeció el hecho de que ya sabía eso, pero lo había ignorado, porque estaba tan centrado en mí ego y en mi imagen que olvidé por completo que por mucho dinero que gane y por muchas cosas que tenga, nada de ello tiene valor si no tengo a alguien a mi lado con quien compartir mi tiempo y lo que en realidad soy: sin mascaras ni falsedad.

31 de julio de 2003

Cada día noto como el cáncer se apropia de mi cuerpo. Desde que supe que estaba enfermo he perdido el apetito. El dolor en mi abdomen aumenta con el paso del tiempo: estoy débil, fatigado de manera exagerada y he perdido ya unos cuantos kilos. A eso debo sumarle el estrés que no me deja dormir, pues no paro de pensar.

He pasado, sin duda alguna, los peores días de mi vida, pero también han sido de gran valor, porque he comprendido muchas cosas y tengo una visión distinta de las personas: ya no las evalúo por cómo se ven o hablan. Me interesa saber lo que sienten y piensan. Los días que estuve en el parque, conocí a un señor que trabajaba como mandadero. Se sentó a mi lado un par de veces, y sin preguntarle nada me habló. Empezamos la conversación hablando sobre el clima, y a medida que conversábamos los temas fueron cambiando de forma natural. Me contó sus lamentos, sueños, alegrías y tristezas y en ningún momento dejó de sonreír, incluso cuando apenas tenía dinero para sobrevivir. No tuve que preguntarle nada, porque en su todo se reflejaba el amor por la gente y, por ende, por la vida. No pude evitar pensar en el tiempo que desperdicié queriendo adornarme con cosas sin sentido. Siempre que regresaba a casa lloraba, no por lo inevitable, sino porque un hombre sin profesión, viajes a Europa y sin dinero, vivía mejor que yo, pues era feliz con lo que hacía, con sus hijos, mujer y amigos. Quise llenarme de la felicidad que proyectaba en cada sonrisa, en cada abrazo que le daba a los que se encontró en la calle. Qué desdicha no haber tenido esa cercanía con la gente.

2 de agosto de 2003

Desde hace tres días que no ha parado de sonar el teléfono. No quiero contestar y no lo haré. Pasaré mi tiempo sentado en el parque, pues así me siento cerca de la gente y olvido que estoy muriendo.

En el parque, algunas personas se acercan a mí porque me ven toser muy fuerte. Les digo que estoy bien y se alejan con dudas en su mirada. Es como si supieran que miento. Son desconocidos, pero se acercan para saber si estoy bien: no sé si en verdad se preocupan, pero me hubiera gustado haber hecho eso alguna vez, me hubiera gustado que me importara la gente.

5 de agosto de 2003

Sigo escribiendo porque siento que debo hacerlo. No entiendo de manera exacta el propósito, pero sé que a través de la escritura hago que mis reflexiones sean más reales de lo que ya son.

La vida en verdad da muchas vueltas, cuando menos se espera, las cosas cambian. Estas últimas semanas han sido las mejores y peores de toda mi vida. Aprendí tantas cosas y entendí lo que es en verdad importante. Sin embargo, la tristeza que nace en la imposibilidad de no poder cambiar algo que se desea es indescriptible. En estas palabras no se puede notar mi estado, pero sí puedo describir su singularidad en dos palabras: soy feliz. El desconsuelo llegó a ser inmenso, pero acepté lo inevitable y ahora estoy seguro de que el día que llegue mi muerte, lo seguiré siendo.

Ayer cuatro de agosto, faltando ocho días para mi muerte, mientras estaba sentado en la que ya es mi banca, observando a la gente, algo curioso ocurrió. A lo lejos, vi a un hombre bien vestido que corría entre la gente como si fuera perseguido por el mismísimo diablo. Aunque muchos corrían por el afán de llegar a un sitio a tiempo, aquello era algo extraordinario, porque ese hombre lo hacía como si su vida dependiera de ello. No despegué mi mirada de él ni un instante. Dio vueltas buscando a alguien con su mirada. Pensé que estaba buscando a una mujer, pues solo el amor podía provocar algo parecido. Lo sé ahora porque ya había presenciado una escena así un par de veces días atrás. Durante quince minutos, aquel hombre buscó la fuente de su afán, sin éxito alguno. Cuando se acercó a mi banca, me sorprendí, pues lo reconocí. En vez de esconderme como lo hubiese hecho de forma habitual, me levanté y fui hacia donde estaba. Cuando me acerqué a él y me reconoció, me miró como si hubiese visto un fantasma; en este caso, era casi lo mismo. Mi sorpresa aumentó cuando se acercó a mí y me abrazó con dificultad para respirar. Contesté el abrazo sin siquiera entender su significado y él empezó a llorar. «¡Señor Gómez! Gracias a Dios lo encuentro», me dijo envuelto en lágrimas. A partir de ese instante, me confundí aún más. «Usted no va a morir», me dijo mirándome a los ojos. Me senté en el suelo y miré la vida a mi alrededor. No iba a morir: por lo menos no en ocho días. No sé cómo describir lo que sentí, ni lo que pensé. Lo único que puedo hacer, es escribir lo que hice: fundirme en un largo abrazo con el doctor Méndez.

Mi padre regresó junto con el doctor Méndez a la clínica y él le explicó lo que había sucedido. Un trabajador malintencionado había cambiado los resultados de los exámenes de mi padre con los de un enfermo terminal. Sobre aquel hombre que en verdad estaba enfermo, mi padre solo dijo que murió el 30 de julio del 2003. El hospital pasó por un largo proceso judicial, al igual que quien intercambió los resultados de los exámenes. La razón que motivó a aquel trabajador, nunca se conoció. Mi padre fue de nuevo examinado para verificar que se encontraba bien. Tuvo que someterse a varias sesiones con un psicólogo, para explicar lo que sintió. Éste llegó a la conclusión de que mi padre sufrió un fuerte trastorno hipocondriaco, causado por el shock de creer que iba a morir y de alguna manera le hizo sentir los síntomas.

El día que me dio la agenda, me dijo: «Cuando naciste, supe a quién debía darle todo lo que escribí». Murió a los 83 años. Lo que más recuerdo de mi padre es, sin duda, su sonrisa. De alguna forma, él siempre encontró la manera de estar cerca de la gente. Lo sé porque siempre sentí la alegría con la que vivió cada día.

La línea oculta

"Los hilos invisibles son los lazos más fuertes".
Friedrich Nietzsche

Para mi hijo Diego.

Cuando algo novedoso o extravagante aparece en nuestras vidas, lo rechazamos porque no se acopla a lo que pensamos o sentimos, o porque no pertenece a nuestras costumbres, y debido a eso, algunas veces, perdemos la posibilidad de experimentar algo bello o incluso la oportunidad de caminar por un sendero en el que nunca estaremos solos. Hijo mío, te hablaré en este escrito, sobre la línea oculta en mi vida: tal y como la viví.

Como muchas cosas en la vida, todo empezó cuando tuve plena conciencia de lo que sucedía a mí alrededor. A mis once años, una tarde de otoño, tu tío Enar desapareció. Era como si se lo hubiese tragado la tierra: no había señal de él. La tristeza producida por la inesperada enfermedad de mi abuelo, quien aguardaba la muerte, creció con la ausencia de tu tío. Junto a mi hermano mayor, mi padre salió a caballo en su búsqueda. Deseábamos que apareciera pronto, pues sabíamos lo salvaje que podía ser la naturaleza en los alrededores. Mi madre, mis tíos y yo nos reunimos en el salón para rezar y pedirle al altísimo la ayuda que fuera necesaria. El segundo día pasó y mi padre no regresó a casa. Así pues, la hacienda se inundó de incertidumbre, y el susurro de nuestras oraciones eran lo único que acababa con el silencio. Ese fue el día en el que todo inició para mí. Aún recuerdo el rostro de mi madre al levantarse de la silla: estaba pensativa, como distraída. Se levantó y salió de la sala con silenciosas lágrimas en su rostro. La luna ya se había posado en el cielo cuando ella fue al enorme patio que se conectaba con los vastos campos en donde el viento no dejaba de soplar. La seguí y me escondí tras la puerta entre abierta y la observé. Se arrodilló frente al colosal árbol que estaba justo en el centro y rezó. No escuché su oración, pues el sonido del inquieto viento ocultó sus palabras. Después de unos minutos se levantó y regresó a la casa, pero en su caminar noté algo diferente: la brisa la acompañaba de forma delicada, haciendo que su cabello danzara a su ritmo. No tambaleó ni un instante y volvió segura y confiada, para luego ir a la sala y seguir orando.

Cuando la noche casi moría, mi padre regresó junto a mi hermano Arni. Me levanté al escuchar los caballos galopar y bajé en busca de mi hermano menor, pero no estaba con ellos. Mi madre, quien esperaba despierta la llegada de mi padre, sin siquiera buscar con su mirada a su desaparecido hijo, se acercó a ellos y justo cuando mi padre se bajó del caballo, le susurró algo al oído. Él la miró y en voz alta, dijo: «Allí no lo he buscado». Montó su caballo y galopó hasta que se alejó de la hacienda. Esa noche, no dormí, así que me senté en las piernas de mi madre y le pregunté a donde había ido mi padre: «A traer a tu hermano», respondió ella. Y así fue. Dos horas más tarde, con los primeros rayos del sol, mi padre regresó con Enar.

Desde aquella vez, noté que mi madre se sentaba a menudo frente al árbol en el patio. Varias veces la acompañé y muchas de ellas se quedó en silencio, observándome con una leve sonrisa. Dejé de sentarme a su lado y empecé a esconderme para observar su comportamiento, que variaba cuando estaba con alguien. Siempre que estuvo sola, la escuché hablar sin poder entender lo que decía. Mi conclusión: estaba rezando.

No hubo ni un solo día en el que mi madre no saliera a rezar, lo hizo incluso en invierno. Su conexión con el altísimo debía ser bella y muy íntima. Por eso decidí sentarme a su lado de nuevo, al menos dos veces por semana, para formar parte de aquel enigmático vínculo e intentar sentir al creador como ella.

Como en cada familia, a medida que el tiempo pasaba, en mi hogar sucedieron cosas importantes y en algunas ocasiones, fue mi madre quien ayudó a solucionar el dilema o situación que nos aquejaba. Cada vez que lo hizo, fue justo después de haber orado junto al árbol. Mi madre en verdad hablaba con Dios de alguna forma. Él escuchaba sus plegarias y se manifestaba en las hojas y ramas. No sé cómo ella comprendía lo que debía hacer, pero siempre acertaba. Me sentí bendecido, porque mi madre poseía aquel talento. Me hizo creer con más fuerza y vitalidad.

La celestial relación de mi madre se fortaleció y el tiempo que pasaba junto al árbol se incrementó, pero ella no dejó a un lado a su familia; es más, creo que todos notamos que su amor creció, ya que se volvió más cariñosa y comprensiva.

La noche del 27 de diciembre de 1876, la nieve caía despacio y se posaba de forma delicada sobre la tierra, cubriéndolo todo sin afán, formando un blanco manto. La tímida luna dejaba entrever su luz entre los copos que descendían. Me asomé a la ventana de mi cuarto para contemplar el paisaje y vi a mi madre abrazando el árbol. Un día después, mi abuelo murió.

Después del funeral, mi madre permaneció en silencio. Su tristeza fue corta y extraña. No fui el único que lo notó. Mi padre y otros cercanos a ella se le acercaron queriendo saber qué le ocurría, pues sabían que el cariño entre mi abuelo y mi madre era muy fuerte, pero ella muy poco dijo. Luego de eso no se acercó al árbol, ni siquiera salió al patio y rompió así con su costumbre de varios años. Estaba actuando de forma inesperada y enigmática. Algunas veces dejó de rezar en familia, como acostumbrábamos y permaneció la mayoría del tiempo en su cuarto.

Cinco días después, un intenso sueño en el que me vi encadenado junto a otras personas que no reconocí me despertó. Me asomé por la ventana a observar el callado paisaje, buscando serenarme y entre la niebla que envuelve los campos, y vi a mi madre junto a tres hombres con la cara cubierta en su totalidad y vestidos de negro. Fue al llegar hasta el patio cuando pude ver con claridad que traían un improvisado féretro. Me dio miedo verla tan oscura, fría y taciturna. Parecía estar poseída, pues en su rostro se reflejaba una credulidad inhóspita y expectante. Juntos, cavaron un enorme y profundo hueco detrás del árbol y enterraron un cuerpo. Desde aquella madrugada, no entendí nada más sobre mi madre y nuestro lazo se rompió. Nunca le pregunté lo que hizo esa madrugada o lo que dijo sentada bajo el árbol. No pude mirarla más a los ojos: no después de haber presenciado tan tétrico momento. Pensé que cualquiera que fuera su respuesta, sería una mentira y que detrás de lo que hacía se ocultaba algo maligno.

Cuando cumplí los veinte años me fui a estudiar a Oslo. Durante todos esos años, ignoré lo que mi madre había hecho. Guardé su siniestro secreto e intenté mantener una buena pero limitada relación con ella. Cuando cumplí los treinta, me casé y poco a poco, fueron llegando ustedes: Hela, Norma y tú, Gardar. Al pasar un mes de tu nacimiento, tuve que ir con urgencia a la hacienda a visitar a mi madre, por una enfermedad que la obligó a permanecer en cama varios meses. Cuando llegué, ocurrió algo curioso: parecía que no hubiera nadie en casa y al entrar por la puerta abierta, algo me incitó a ir al árbol. Había olvidado como en verano el viento soplaba por el campo: la luz, las hojas, las flores y el paisaje, eran algo memorable. Cuando me di la vuelta para ir al cuarto de mi madre, una brisa recorrió los alrededores hasta que se chocó con el árbol, haciendo que una de sus ramas se agachara y me acariciara el rostro con sus hojas. Fue un mimo conocido, un recreado recuerdo. Mi madre apenas podía hablar, pues estaba muy débil. Al darme cuenta de su mal estado, decidí volver a la hacienda y tu madre, siendo tan comprensiva y amorosa como siempre, viajó con ustedes para estar a mi lado.

No te negaré que más que nada, quise volver porque temí que tu abuela muriera sin que hubiéramos hecho las paces. No quería vivir el resto de mi vida con eso en mi conciencia.

Muchas veces tuve que viajar de vuelta a Oslo por algunos negocios y en cada viaje tuve miedo. Sufrí como nunca lo había hecho: pensar que mi madre podía morir en mi ausencia alimentó en mí el deseo de hablar con ella sobre aquello que despacio me consumía.

Una de las muchas noches en las que permanecí en vigilia junto a mi padre y hermanos, tu abuela abrió los ojos y habló: «Debes decidir», me dijo mirándome a los ojos. Su voz no era la misma: pensé que deliraba y que el tiempo se acercaba. De pronto, me tomó de la mano con firmeza y me dijo: «Prométeme que harás lo mismo que yo hice esa noche». No supe si lo que dijo fue a causa de la fiebre, pero supuse que se refería a la noche nefasta. Los presentes lo escucharon todo, pero no le prestaron atención. Después de que se calmó, me levanté de la cama y ella me siguió con su distante mirada sin pestañear durante un largo instante. Salí de la habitación para buscar serenidad y fui a dar al patio. Allí recordé todo lo que vivimos, lo que sobre ella se decía en el pueblo y lo que solo yo vi la noche en la que mi idea sobre ella cambió. Me arrodillé, enterré mis manos en la húmeda tierra, toqué las raíces del árbol y lloré. Lloré cada uno de los momentos que no viví con ella, lloré de rabia por no haberla enfrentado cuando debí hacerlo, lloré porque desde hace mucho tiempo sentí una fuerte duda marcada con su nombre y porque creí que no estaba bendecida, como un día lo pensé. Fue en ese instante cuando, entre el llanto y el sonido del viento, escuché una voz proveniente de un incierto lugar decir mi nombre: «Lars», la voz parecía estar compuesta por varias, pues un corto eco la acompañó al hablar. Miré hacia los alrededores, pero no vi a nadie. Me levanté, porque no deseaba estar en un lugar que creía maldito y al darme la vuelta, desde el árbol, escuché a la misma voz decir: «Tráela». Me giré y no vi a nadie. El miedo me obligó a darme prisa y me fui de allí. La mañana siguiente, regresé junto a Ina y ustedes a Oslo.

Una semana pasó y no dejé de pensar en aquello. De verdad quise entenderlo para no odiar más a mi madre en su lecho de muerte, pero siempre que busqué una respuesta llegué a la misma conclusión: nunca tuvo un lazo divino con el Todopoderoso. No podía ser que lo tuviera, pues Él no procedería de una manera tan macabra. En verdad detesté a tu abuela. Diez noches después, volví a la hacienda, esta vez solo, para esperar su muerte.

Los atardeceres allí eran hermosos, sobre todo desde el patio, donde el horizonte era más visible. Observé todos y cada uno desde la ventana de la habitación de mis padres, sentado al lado de la cama, donde estaba postrada mi madre, quien no observó a ninguno.

Hijo, espero que tomes tu tiempo para pensar, ya que él es sin duda el mejor consejero, pues en su reserva me impregné de su antigua sabiduría y perdoné a tu abuela. Sea lo que sea que haya hecho en el pasado y sin importar cuál fuera su vínculo con el árbol, no merecía morir sintiendo mi odio, porque actuó pensando en el bien colectivo de su familia, a quienes siempre benefició de alguna forma. No digo que entendiera lo que hizo, o cómo, pero al menos creí entender por qué. Al ser padre comprendí que se es capaz de hacer lo que sea por sus hijos.

Por las mañanas, la cargaba desde la habitación hasta el patio, donde nos sentábamos durante unos minutos bajo el árbol, tal vez queriendo replicar los momentos de mi infancia, aunque en todos ellos faltaron su mirada y su sonrisa. Tal vez aquella costumbre fue lo que le ayudó. No lo supe en ese entonces, pero notamos que su semblante mejoró, al igual que su apetito. Una mañana, después de haber recuperado parte de su energía, me observó y sonrió como antes y en sus ojos vi brillar aquel amor que siempre demostró. Pensé que su muerte estaba cerca y que se estaba despidiendo, pero no fue así. Uno de esos días de verano, en los que el sol parece no querer ocultarse, cuando ya su mejoría era notable, sin preguntarle nada, me lo contó todo. Tu abuela no era una bruja, como seguramente habrás escuchado en el pueblo y estoy seguro de que lo que has leído hasta ahora te ha hecho pensar en ello, pero está es la verdad, es esto lo que ella es.

Doscientos doce años atrás, mi tatarabuelo Lars, quien construyó esta casa junto a sus hijos, murió a los ochenta y dos años de un infarto. Su último deseo era ser enterrado cerca a su familia y así fue. Él es la primera raíz del árbol. No sé cómo explicártelo hijo, pero cuando el árbol creció, mi tatarabuelo encontró la manera de comunicarse a través de él con el menor de sus hijos, quien lo enterró. Su hijo entonces se vio favorecido, al igual que el resto de sus hermanos, por la sabiduría de su padre y por otras misteriosas fuerzas que adquirió por medio de la naturaleza, pues el árbol está conectado con todo lo viviente. Cuando su padre identificó en uno de sus nietos el talento de escuchar sus trascendentes palabras, dejó que su hijo decidiera si quería formar parte de aquella conexión con la vida y la tierra y así como cada uno de ellos hasta ahora, él aceptó. Hijo mío, el árbol es mi madre, mi abuelo y los demás antes de él: están unidos por el cariño a nuestra familia, son nuestro árbol de la sabiduría. Mi madre escuchó en las voces del árbol que yo sería el próximo en percibir y entender sus sabias palabras y así fue. Ella vivió tres años más, alejada del borde de la muerte y con buena salud. Cuando cruzó esa frontera, el árbol de nuevo me habló.

Escuché cada palabra y cada consejo y sentí a mi madre y a mi abuelo cerca. Fue entonces cuando en verdad lo entendí todo.

Hijo mío, me hubiera gustado contarte en persona este secreto que nos une, pero debía esperar a que estuvieras preparado. Sin embargo, debido a la enfermedad que lento me lleva, decidí enviarte esta carta. Es posible que cuando la recibas ya me haya ido. Tal vez no comprendiste muchos de mis actos en vida, pero quizá ahora entiendas el porqué de mis decisiones.

Mi deseo es que seas tú quien plante mi cuerpo en la tierra que rodea al árbol. Hijo mío, cuando escuches la compuesta voz, has de saber que en ella está la mía. Debes saber que sin importar que decisión tomes, siempre encontraré la forma de cuidarlos.

Te quiero siempre. Tu padre.

Contrato verbal bilateral

Para mi familia entera, pero en especial
para el observador, el sabio reservado: mi papá.

Desde el dieciocho de febrero empecé a soñar con él. Me sorprendió, pues nunca me había sucedido tan seguido. En mis sueños lo vi cuando era niño, agarrado de la mano de su madre, caminando por el jardín de mi casa. Desde entonces, lo visité cada día, pero no le hablé sobre lo que soñé, aunque creía que él posiblemente conocería su significado. Leí *Die Traumdeutung*, para aprender a interpretar mi sueño con él. Cuando terminé el libro, creí que lo que veía al dormir no era más que una proyección de mi subconsciente, tal y como el autor así lo dice. Pensé que se debía a mi preocupación por Miguel, ya que, desde hace casi dos meses, noté que estaba pensativo e inquieto, como escondiendo un secreto. El cinco de marzo, hacia las diez y media de la noche, un fuerte dolor en el pecho me despertó. Ya con los ojos abiertos, me sentí nauseabundo, tanto así que tuve que vomitar. El resto de la noche me sentí desganado y débil.

Al escuchar el canto de las aves caí en cuenta de que un nuevo día había llegado. Aunque todavía no me sentía bien, lo fui a visitar. Me sentí guiado por un impulso que no logré entender. Cuando la puerta de su casa se abrió, el triste rostro de su mujer me anunció una infausta sorpresa: mi amigo había muerto.

La inesperada partida de mi único familiar vivo destrozó mi corazón. Fue inevitable recordar mi vida a su lado y me empecé a ahogar en un mar de pensamientos, pero salí a flote de aquella profunda tristeza porque la inquietud sobre el sueño creció en mí. Dos noches después de su entierro, soñé con él. Esa noche, escuché nuestras infantiles voces repetir la promesa que un día hicimos entre lo que parecían ser juegos y que, durante muchos años inconscientemente ambos cumplimos: juramos que siempre nos haríamos compañía y nos protegeríamos. Me desperté antes de las once de la noche con una única idea: cumplir nuestra promesa. Creí que, de alguna forma, a través de nuestro vínculo, él me hizo sentir la intensidad del frío, del silencio y de la oscuridad de su tumba, pero sobre todo su insoportable soledad. Por esa razón, luego de haberlo meditado durante unas horas, como una silenciosa sombra que nace en la luz de la luna y que se esconde de todo, fui en contra de toda lógica hasta el cementerio, lo desenterré y lo traje conmigo.

Crecimos juntos, aunque no éramos hermanos. Miguel era hijo de don José y doña Silvia. Él era el jardinero de la casa y ella la mujer que me cuidó, pues mi madre murió cuando yo tenía tres años. Por eso Miguel casi siempre estuvo en mi casa. Cuando don José murió, mi padre no lo desamparó a él ni a su madre y los acogió como si fueran parte de la familia. Al cumplir los dieciocho años, viajé a Madrid donde estudié medicina. Meses más tarde, fui a Alemania, para estudiar psicología clínica. En total, estuve trece años por fuera de Sevilla, pero siempre me mantuve en contacto con mi padre y Miguel. Una de las pocas veces que regresé a Sevilla, fue cuando doña Silvia falleció. Cuando se quedó solo, mi padre le ofreció a Miguel vivir en nuestra casa, pero él no aceptó, pues siempre creyó que debía vivir la vida que le había tocado y se fue a un pueblo cercano, en donde vivió el resto del tiempo. Muy pocas veces Miguel salió del pequeño pueblo: únicamente lo hizo por trabajo o para visitar a mi padre o a mí. Algo que nos unió mucho más fue la muerte de mi padre. Teníamos puntos de vista diferentes sobre él, pero ambos lo quisimos como hermanos que fuimos.

La mayoría de veces que nos vimos le hablé sobre mis proyectos. Él muchas veces me ayudó a aclarar mis dudas y me habló sobre su familia y su vida en el campo. Cada vez que conversábamos, nos desahogábamos contándonos nuestras ideas e ilusiones. No solo compartimos nuestros padres y madres y las cosas de la vida que al otro le hacían falta, sino también parte de nuestro ser.

Siempre que intenté ayudarlo económicamente, Miguel no recibió mi dinero. Recuerdo una vez en especial, por algo que me dijo: «Ángel, gracias, sé que tus intenciones son nobles, pero lo único que necesito junto a mi mujer e hijo, es tu valiosa amistad». Esa vez nos abrazamos un largo instante, fue tal vez lo más parecido al "Te quiero" que nunca nos dijimos.

Desde muy pequeño, Miguel demostró ser alguien honesto, humilde y sencillo, capaz de entender la vida más allá del dinero y de lo material. Estoy seguro de que adquirió aquel valioso conocimiento por la forma en la que disfrutaba del tiempo y por su manera de pensar, y debido a eso siempre lo admiré. Él fue una persona ejemplar, sin una gota de envidia que ensuciara su alma. Así, como el caballero que siempre fue, murió. Le gustaba escribir, tenía talento para la poesía, pero no hablaba mucho sobre el tema. Era muy reservado en sus cosas y nunca intentó alzarse públicamente, ni ganar reconocimiento por ello, le bastaba con lo que tenía y con querer a la gente a su alrededor.

Cuando lo traje de su solitario lugar de descanso me fue fácil encontrar la forma de mantenerlo, porque tenía los materiales y conocía las ciencias y métodos necesarios para que su cuerpo no se descompusiera. Lo senté en el sillón en el que se sentaba cada vez que venía a visitarme. Él fue la única persona a la que le permití entrar al lugar en donde estoy la mayoría del tiempo. Logré que su piel tuviera el color natural que tenía cuando estaba en vida, incluso pude recrear aquella leve sonrisa que mostraba al verme llegar a su casa, pero por mucho que lo intenté, fue imposible recuperar la brillantez de sus ojos. Esa larga noche, le hablé de todo lo que no me atreví cuando estaba vivo. Él fue el único que conoció varios de mis miedos y secretos, pues me guardé algunos, porque no quería estar a merced de nadie, ni siquiera de mi hermano. Sin embargo, su serena presencia me dio la fortaleza para decirle todo lo que sentía por él y le di las gracias por todo aquello que a su lado aprendí, pero sobre todo por su amistad. Así, me liberé de las cosas que me atormentaron por haberlas callado en vida.

Al día siguiente, una incógnita se plantó en mí, pues no estaba seguro de si había soñado con Miguel o no. Fui al salón, para verificarlo y al verlo, sonreí. Permanecí el resto del día a su lado, y cuando la luna le arrebató el cielo al sol, abrí una botella de vino en su nombre y bebí. Nunca había llorado como esa noche. Lo abracé, acaricié su rostro y puse más de una vez la canción que juntos escuchábamos. Siempre supe que lo quise, pues nuestro cariño fue más fuerte que el tiempo y la distancia, pero esa noche me di cuenta de que lo amaba más de lo que creía.

Eran las ocho cuando desperté y recordé el mismo sueño que días atrás creí haber comprendido. No entendí por qué, pues pensé que ya había cumplido con nuestro pacto. La duda sobre el sueño fue ese día mi mayor inquietud. En un principio, pensé que se trataba de una nueva proyección que mi inconsciente lanzó a mi memoria al dormir por el tiempo que pasé junto a Miguel, pero minutos más tarde, cuando fui a verlo, dejé de pensar en eso. Noté que Miguel estaba cabizbajo, como si no quisiera mirarme. Hice lo necesario para levantar su rostro y vi que su sonrisa había desaparecido. Su mirada brillaba por lo que parecían ser lagrimas empozadas. Luego, en su cara, una profunda preocupación se dibujó, hasta el punto de hacerme sentir triste. Le devolví la ficticia alegría que le había dado antes y no me sirvió de nada, ya que no pude dejar de pensar en el desasosiego que lo invadió en vida: aquel que incluso en la muerte lo había alcanzado. La noche llegó y no me separé de él ni un momento. Su vacía y distante mirada parecía perseguirme por el salón sin importarme donde estuviera. Sentí que quería decirme algo, tal vez juzgarme. Más de una vez creí ver sus labios moverse, me acerqué a él para escuchar lo que pensaba que con su voz había susurrado, pero no dijo nada. Me senté a su lado como en los viejos tiempos, pensé en todo lo que juntos vivimos y, rodeado por los recuerdos de nuestra infancia y su compañía, me quedé dormido. En el mundo de los sueños lo vi sonriente, agarrado de la mano de su madre. Me acerqué a ellos, tomé a Miguel de la otra mano y juntos caminamos entre los rayos de luz que se colaban por las ramas de los árboles del jardín. Miré al cielo y cuando por fin divisé el sol, tuve que cerrar mis ojos por la intensidad de su luz. Al abrirlos de nuevo, giré mi mirada hacia Miguel y su madre, pero vi a Miguel Ángel y a Irene, el hijo y la esposa de mi amigo. Me desperté seguro del significado, no solo por lo que vi, sino también porque la mano de Miguel estaba sobre la mía, buscando mi cercanía, como queriendo hacerme entender que incluso después de la muerte todavía me acompañaba, pero, sobre todo, para darme parte de la sabiduría que en su reserva alcanzó para entender la vida. Lo abracé una última vez y lo llevé al lugar de su descanso eterno.

Fui a su casa y nuevamente le ofrecí toda mi ayuda y protección a Irene. Le pedí insistentemente que fuera a vivir a mi casa, en donde no les faltaría nada y donde al pequeño le sería más fácil estudiar, dada la cercanía con la escuela. Irene aceptó y acordamos un día para que se mudaran a mi casa y antes de irme, ella se acercó a mí, me abrazó y me dio una carta que su marido me había escrito:

4 de marzo de 1917

Querido Ángel,

Sé muy bien que has estado preocupado por mí, pues en nuestros últimos encuentros, no pude esconder mi desasosiego. No era que no quisiera contarte lo que tanto me inquietó, es solo que no debía decírtelo, pues no debía alterar el curso de la vida.

Te escribo para que entiendas la verdadera razón de todo lo que suceda a partir de hoy. Hace dos meses, soñé que estaba sentado en el sillón de tu inmenso salón; allí permanecí en silencio y escuché atento tus secretos y tus más punzantes tristezas, te miré fijamente queriendo comprender lo que me habías dicho, pero creíste que estaba juzgándote; por eso puse mi mano sobre la tuya, para que entendieras que nunca lo haría, ni te dejaría solo y que, sin importar nada, tú serías siempre mi familia. Allí, nos abrazamos para sellar nuestro vínculo, pero después, a tu lado, morí debido a un fulminante infarto.

Sé que no crees en los misterios de la vida, pero sé muy bien que crees en el fuerte cariño que nos une; por eso estoy seguro de que, si te hubiese contado lo que soñé, hubieses intentado alterar cualquier acontecimiento que nos involucrara a ambos, queriendo cumplir el pacto que una vez hicimos.

Sé qué harás lo correcto, siempre lo has hecho.

Ángel, te quiero más de lo que las palabras y los gestos pueden decir, porque eres mi amigo, mi compañero: mi familia.

Cuando leí la carta, entendí que la sabiduría de Miguel iba más allá de la ciencia y el tiempo, y que yo, ni siquiera leyendo todos los libros que existen sobre el alma, los sueños y la vida, alcanzaría el mismo estado que él, valiéndose solo de su natural talento.

Los años pasaron y conté con la fortuna de ver crecer a Miguel Ángel. Poco a poco entendí lo que mi hermano me decía sobre ser padre y estoy seguro de que, en mi sonrisa, se refleja parte de su alegría. Comprendí que, al tener un hijo, se quiere enseñar desde la virtud de la verdad y por eso uno corrige sus defectos, para que las enseñanzas sobre la vida sean reales y no vengan solo de la palabra.

> *... sin el mismo apellido somos familia,*
> *pues la sangre del tiempo*
> *recorre nuestros cuerpos*
> *y refuerza nuestro lazo,*
> *sonrisa tuya, tristeza mía,*
> *lo compartimos todo,*
> *tú lloras con mi llanto*
> *y yo sonrío con tu sonrisa,*
> *¡Oh, amigo mío, oh, mi bello hermano*
> *que feliz me siento, por tenerte a mi lado!...*

Dice parte del poema que un día Miguel me escribió. Él tuvo razón siempre: el tiempo que pasamos juntos, las alegrías y las tristezas, son la sangre que nos une, son la fuerza de nuestro lazo. Me siento afortunado, no por lo que he conseguido, sino por sentirlo a mi lado.